EASY SPANISH

50 SHORT STORIES FOR BEGINNERS

ELENA MARTÍN

CONTENTS

Easy Spanish   vii

1. Lucía y el Día de Compras (Lucia and the Shopping
   Day)   1
2. David y el Gran Árbol (David and the Big Tree)   4
3. Lola y la Flor Mágica (Lola and the Magic Flower)   7
4. La Corbata Voladora (The Flying Tie)   10
5. Pescando con el Abuelo (Fishing with Grandpa)   13
6. Miguel y el Tesoro Escondido (Miguel and the
   Hidden Treasure)   17
7. Sofía y el Gato Perdido (Sofia and the Lost Cat)   20
8. Carmen y la Cometa Mágica (Carmen and the
   Magic Kite)   23
9. Pedro y Su Bicicleta (Pedro and His Bicycle)   26
10. Roberto y el Misterioso Mapa (Roberto and the
    Mysterious Map)   28
11. El Parque de Laura (Laura's Park)   31
12. La Fiesta de Cumpleaños (The Birthday Party)   33
13. Un Día en la Playa (A Day at the Beach)   35
14. Ana y el Día de Nieve (Ana and the Snowy Day)   37
15. El Nuevo Cachorro (The New Puppy)   40
16. Visita al Museo (Visit to the Museum)   42
17. Cocinando con Abuela (Cooking with Grandma)   44
18. El Viaje de Camping (The Camping Trip)   46
19. El Primer Día de Trabajo de Ana (Ana's First Day at
    Work)   49
20. El Concierto de Guitarra de Miguel (Miguel's
    Guitar Concert)   52
21. Elena y el Jardín Secreto (Elena and the Secret
    Garden)   55
22. Manuel y la Carrera de Bicicletas (Manuel and the
    Bicycle Race)   58
23. Luis y el Concierto de la Escuela (Luis and the
    School Concert)   61

24. Martín y el Gran Concurso de Dibujo (Martin and the Great Drawing Contest) 64

25. El Viaje de Raúl al Acuario (Raul's Trip to the Aquarium) 67

26. Isabella y su Nuevo Vecino (Isabella and Her New Neighbor) 70

27. Eduardo y el Misterio del Árbol (Eduardo and the Mystery of the Tree) 73

28. La visita al zoo de Martín (Martín's Visit to the Zoo) 76

29. El concurso de pintura de Diego (Diego's Painting Competition) 79

30. La boda de Marta y Jorge (Marta and Jorge's Wedding) 82

31. El día lluvioso de Julia (Julia's Rainy Day) 85

32. El día de Rodrigo en el desierto (Rodrigo's Day in the Desert) 88

33. La huerta de Rafael (Rafael's Vegetable Garden) 91

34. El día especial de la familia García (The Garcia Family's Special Day) 94

35. El Tesoro de Alberto (Alberto's Treasure) 97

36. El regalo de amor de Julia y Miguel (Julia and Miguel's Gift of Love) 100

37. La noche de cine de Ana y José (Ana and José's Movie Night) 103

38. La discusión de Rosa y Marta (Rosa and Marta's Argument) 106

39. El viaje de Juan al banco (Juan's Trip to the Bank) 109

40. El último día de Bruno en el parque (Bruno's Last Day at the Park) 112

41. El viaje de María en el metro (María's Metro Journey) 115

42. Un día en la cafetería con Luisa (A Day at the Coffee Shop with Luisa) 118

43. La llegada de Sofia 121

44. El Misterioso Viajero del Tiempo (The Mysterious Time Traveler) 124

45. La Aventura de Vacaciones de Ana (Ana's Vacation Adventure) 128

46. El Secreto de los Hermanos (The Secret of the Siblings) 131

47. Cocinando la Cena con José (Cooking Dinner with José) 134

48. "La Visita de Laura al Dentista" (Laura's Visit to the Dentist) 137

49. Annika y la Viola Encantada (Annika and the Enchanted Viola) 140

50. "El Viaje de Aprendizaje de Sara" (Sara's Learning Journey) 143

EASY SPANISH
50 SHORT STORIES FOR BEGINNERS

Boost your Vocabulary, Comprehension, and Confidence in Minutes

Welcome to a collection of easy short stories specifically designed for beginners who are embarking on the exciting journey of learning the Spanish language. These stories are also perfect for those who have limited time or a short attention span.

The aim of this book is to provide a fun and interactive way to build vocabulary, understand grammar, and familiarize yourself with the nuances of the Spanish language. Each story is crafted with simplicity and authenticity, allowing readers to grasp the essence of the language without feeling overwhelmed.

The stories are set in a variety of contexts, exploring different themes from everyday life, including family, nature, hobbies, and work life, among others. You'll encounter characters from all walks of life, each with their own unique experiences and perspectives.

At the start of each story, a list of keywords is provided to introduce new vocabulary. This encourages active learning, enabling you to understand and use these words in context. By immersing yourself in these stories, you'll begin to think in Spanish, thereby accelerating your learning process.

At the end of each story, we provide a summary in both English and Spanish. This serves to reinforce comprehension and ensure that you have fully understood the narrative. It's a way to check your understanding, but also to see the parallels between the two languages.

These stories are not just about learning a new language, they also provide a glimpse into the rich tapestry of Hispanic culture. Understanding the culture is an integral part of mastering the language as it provides valuable context for usage and interpretation.

Learning Spanish, like any language, is a journey. These stories aim to make your journey enjoyable, engaging, and fulfilling. We invite you to dive into these pages, explore the stories, and embark on your adventure into the Spanish language.

Tips for Success:

Embrace the process: Learning a new language takes time and patience. Don't rush.

Consistency is key: Even if it's just a few minutes each day, try to practice regularly. This will help you reinforce what you've learned and commit it to memory.

Use the vocabulary provided: Before starting each story, familiarize yourself with the keywords. Try to predict their meanings in the context of the story. This will increase your vocabulary retention.

Read out loud: This can greatly improve your pronunciation and listening skills. It also helps in familiarizing yourself with the natural rhythm and flow of Spanish.

Understand the culture: Language and culture are intertwined. Understanding cultural references and norms will enhance your language learning process.

Use the summaries: After reading each story, read the summaries in both English and Spanish. This helps reinforce the content and ensures you understood the story correctly. If the stories are challenging for you, consider reading the English summary first.

Don't be afraid of making mistakes: Mistakes are a part of the learning process. Embrace them and learn from them. They're stepping stones to mastering the language.

Engage with native speakers: Whenever possible, try to converse with native Spanish speakers. This provides real-time practice and exposure to the language as it is used in daily life.

Explore more resources: Apart from these stories, consider using other resources such as Spanish music, movies, news articles, and podcasts to enrich your language learning experience.

Remember, learning a new language is not only about mastering vocabulary or grammar, it's about embracing a new way of thinking and experiencing the world. Enjoy the process and celebrate every small progress you make. ¡Buena suerte!

CHAPTER 1

LUCÍA Y EL DÍA DE COMPRAS (LUCIA AND THE SHOPPING DAY)

KEY WORDS: Compras (shopping), tienda (store), ropa (clothes), vestido (dress), zapatos (shoes), probador (fitting room), lista (list), carrito (cart), mercado (market), frutas (fruits), verduras (vegetables), descuento (discount), dinero (money), pagar (pay)

STORY:

Lucía necesita hacer algunas compras. Primero, va a la tienda de ropa para comprar un nuevo vestido y unos zapatos para una fiesta. Entra a la tienda y comienza a buscar en los estantes. Finalmente, encuentra un vestido hermoso y unos zapatos que combinan perfectamente. Los prueba en el probador y le quedan muy bien. Paga en la caja y se dirige al mercado.

En el mercado, Lucía toma un carrito y comienza a buscar los productos en su lista. Compra frutas frescas como manzanas, plátanos y uvas. Luego se dirige al pasillo de verduras donde compra tomates, lechuga y zanahorias. También compra leche, pan y otros productos básicos.

Cuando Lucía llega a la caja para pagar, se da cuenta de que hay un descuento en algunos de sus productos. Está feliz porque puede ahorrar algo de dinero. Paga sus compras y se dirige a casa, contenta con sus compras del día.

SUMMARY IN ENGLISH:

In this story, Lucía needs to do some shopping. First, she goes to the clothing store to buy a new dress and shoes for a party. She enters the store and starts looking through the racks. Finally, she finds a beautiful dress and matching shoes. She tries them on in the fitting room and they fit perfectly. She pays at the checkout and heads to the market. At the market, Lucia takes a cart and starts looking for the items on her list. She buys fresh fruits like apples, bananas, and grapes. Then she heads to the vegetable aisle where she buys tomatoes, lettuce, and carrots. She also buys milk, bread, and other basic items. When Lucia gets to the checkout to pay, she realizes that there's a discount on some of her items. She's happy because she can save some money. She pays for her shopping and heads home, happy with her purchases for the day.

SUMMARY IN SPANISH:

En esta historia, Lucía necesita hacer algunas compras. Primero, va a la tienda de ropa para comprar un nuevo vestido y zapatos para una fiesta. Entra en la tienda y comienza a buscar en los estantes. Finalmente, encuentra un vestido hermoso y unos zapatos que combinan perfectamente. Los prueba en el probador y le quedan muy bien. Paga en la caja y se dirige al mercado. En el mercado, Lucía toma un carrito y comienza a buscar los productos en su lista. Compra frutas frescas como manzanas, plátanos y uvas. Luego se dirige al pasillo de verduras donde compra tomates, lechuga y zanahorias. También compra leche, pan y otros productos básicos. Cuando Lucía llega a la caja para pagar, se da cuenta de que hay un descuento en algunos de sus productos. Está feliz porque puede ahorrar algo de dinero. Paga sus compras y se dirige a casa, contenta con sus compras del día.

CHAPTER 2

DAVID Y EL GRAN ÁRBOL
(DAVID AND THE BIG TREE)

KEY WORDS: Árbol (tree), grande (big), jardín (garden), subir (climb), miedo (fear), coraje (courage), vista (view), pájaros (birds), sol (sun), amanecer (sunrise), orgullo (pride), valiente (brave), reto (challenge), descenso (descent), logro (achievement)

STORY:

En el jardín de David, hay un árbol muy grande. David siempre ha querido subir a ese árbol, pero siempre ha tenido miedo. Hoy, decide que será valiente. Va a subir al árbol.

David se acerca al árbol con determinación. El tronco es ancho y las ramas se extienden hacia el cielo. David toma un respiro profundo y empieza a subir.

A medida que sube, el árbol parece aún más grande. Sin embargo, David no se rinde. Continúa subiendo, aunque le dé un poco de miedo.

Finalmente, David llega a la parte superior del árbol. Está sorprendido por la vista. Puede ver todo su jardín, los pájaros volando y el sol naciente. Se siente orgulloso. Ha vencido su miedo y ha subido al gran árbol.

Después de un rato, David comienza el descenso. Aunque es un poco difícil, finalmente llega al suelo sano y salvo. Está orgulloso de su logro. Aunque tenía miedo, se enfrentó al reto y lo superó.

David se da cuenta de que a veces, hay que enfrentarse a los miedos para hacer cosas increíbles. Se siente más valiente y está emocionado por su próxima aventura.

SUMMARY IN ENGLISH:

In this story, there is a very big tree in David's garden. David has always wanted to climb that tree, but he has always been afraid. Today, he decides he will be brave and climbs the tree. As he climbs higher, the tree seems even bigger, but David does not give up. He continues climbing, even though it is a bit scary. Finally, David reaches the top of the tree. He is amazed by the view of his garden, the birds flying, and the rising sun. He feels proud of overcoming his fear and climbing the big tree. After a while, he begins the descent. Although it is a bit difficult, he finally reaches the ground safely. He is proud of his achievement. He realizes that sometimes you have to face your fears to do amazing things. He feels braver and looks forward to his next adventure.

SUMMARY IN SPANISH:

En esta historia, hay un árbol muy grande en el jardín de David. David siempre ha querido subir a ese árbol, pero siempre ha tenido miedo. Hoy, decide que será valiente y sube al árbol. A medida que sube, el árbol parece aún más grande, pero David no se rinde. Sigue subiendo, a pesar de que es un poco aterrador. Finalmente, David llega a la cima del árbol. Está sorprendido por la vista de su jardín, los pájaros volando, y el sol naciente. Se siente orgulloso de haber vencido su miedo y subido al gran árbol. Después de un rato, comienza el descenso. Aunque es un poco difícil, finalmente llega al suelo a salvo. Está orgulloso de su logro. Se da cuenta de que a veces hay que enfrentar los miedos para hacer cosas increíbles. Se siente más valiente y espera con emoción su próxima aventura.

CHAPTER 3

LOLA Y LA FLOR MÁGICA
(LOLA AND THE MAGIC FLOWER)

KEY WORDS: Flor (flower), mágica (magic), jardín (garden), brillante (shiny), deseo (wish), estrella (star), noche (night), esperanza (hope), sueño (dream), sorpresa (surprise), alegría (joy), emocionada (excited), hermana (sister), regalo (gift), contenta (happy)

STORY:

Lola tiene un jardín hermoso, pero hay una flor que es especial. Es una flor mágica que brilla bajo la luz de la luna. Se dice que puede conceder un deseo.

Cada noche, Lola va al jardín y observa la flor bajo las estrellas. Cierra los ojos y pide un deseo. Desea que su hermana, que vive lejos, pueda visitarla. Echa de menos a su hermana y anhela verla.

Una noche, después de hacer su deseo, Lola ve una estrella fugaz en el cielo. Siente una sensación de esperanza. Se va a dormir soñando con su hermana.

A la mañana siguiente, hay una sorpresa esperando a Lola. Su hermana está en la puerta. Está emocionada y llena de alegría.

Abraza a su hermana y le muestra la flor mágica.

Lola sabe que puede haber sido una coincidencia, pero en su corazón, siente que la flor mágica le concedió su deseo. Aunque sabe que la flor no puede resolver todos sus problemas, está contenta. Tiene a su hermana con ella, y eso es un regalo mágico.

SUMMARY IN ENGLISH:

In this story, Lola has a beautiful garden, but there is one flower that is special. It is a magic flower that shines under the moonlight. It is said to grant one wish. Every night, Lola goes to the garden and watches the flower under the stars. She closes her eyes and makes a wish. She wishes for her sister, who lives far away, to visit her. She misses her sister and longs to see her. One night, after making her wish, Lola sees a shooting star in the sky. She feels a sense of hope. She goes to sleep dreaming about her sister. The next morning, there's a surprise waiting for Lola. Her sister is at the door. She's excited and filled with joy. She hugs her sister and shows her the magic flower. Lola knows it might have been a coincidence, but in her heart, she feels that the magic flower granted her wish. Even though she knows the flower can't solve all her problems, she is happy. She has her sister with her, and that's a magical gift.

SUMMARY IN SPANISH:

En esta historia, Lola tiene un hermoso jardín, pero hay una flor que es especial. Es una flor mágica que brilla bajo la luz de la luna. Se dice que puede conceder un deseo. Cada noche, Lola va al jardín y observa la flor bajo las estrellas. Cierra los ojos y pide un deseo. Desea que su hermana, que vive lejos, pueda visitarla. Extraña a su hermana y anhela verla. Una noche, después de hacer su deseo, Lola ve una estrella fugaz en el cielo. Siente una sensación de esperanza. Se va a dormir soñando con su hermana. A la mañana siguiente, hay una sorpresa esperando a Lola. Su hermana está en la puerta. Está emocionada y llena de alegría. Abraza a su hermana y le muestra la flor mágica. Lola sabe que podría haber sido una coincidencia, pero en su corazón, siente que la flor mágica le concedió su deseo. Aunque sabe que la flor no puede resolver todos sus problemas, está contenta. Tiene a su hermana con ella, y eso es un regalo mágico.

CHAPTER 4

LA CORBATA VOLADORA (THE FLYING TIE)

KEY WORDS: corbata (tie), entrevista (interview), viento (wind), parque (park), pato (duck), risas (laughs), suerte (luck), jefe (boss), confundido (confused), risueño (cheerful), gracioso (funny), desayuno (breakfast)

STORY:

Carlos se prepara para una importante entrevista de trabajo. Ha seleccionado su mejor traje y una corbata azul brillante para causar una buena impresión. Después de un desayuno rápido, sale de la casa.

De camino a la entrevista, decide tomar un atajo a través del parque. Justo cuando está pasando junto al estanque, una ráfaga de viento le arranca la corbata del cuello. Vuela por el aire y, para su horror, cae justo en el agua.

Un pato se acerca a la corbata y empieza a jugar con ella. Carlos intenta recuperarla, pero el pato se la lleva nadando. Carlos no puede evitar reírse de lo absurdo de la situación.

Finalmente, llega a la entrevista sin corbata. El jefe lo mira confundido, pero Carlos le explica lo que sucedió. El jefe se echa a reír y le dice que esa es la historia más graciosa que ha escuchado en mucho tiempo.

Por suerte, el jefe es un hombre risueño y le gusta la gente con buen sentido del humor. Le ofrece el trabajo a Carlos en el acto, diciéndole que una persona que puede reírse de sí misma en una situación así es exactamente lo que la empresa necesita.

Al día siguiente, Carlos recibe un paquete en la oficina. Es una corbata nueva con patos estampados, un regalo de su jefe. Carlos no puede evitar reírse al recordar su corbata voladora y el pato del parque.

SUMMARY IN ENGLISH:

Carlos is preparing for an important job interview. He has selected his best suit and a bright blue tie to make a good impression. After a quick breakfast, he leaves the house.

On the way to the interview, he decides to take a shortcut through the park. Just as he's passing by the pond, a gust of wind rips the tie from his neck. It flies through the air and, to his horror, lands right in the water.

A duck approaches the tie and starts to play with it. Carlos tries to retrieve it, but the duck takes it away swimming. Carlos can't help but laugh at the absurdity of the situation.

Eventually, he arrives at the interview without a tie. The boss looks at him confused, but Carlos explains what happened. The boss bursts into laughter and tells him that's the funniest story he's heard in a long time.

Luckily, the boss is a cheerful man and likes people with a good sense of humor. He offers Carlos the job on the spot, telling him that a person who can laugh at themselves in such a situation is exactly what the company needs.

The next day, Carlos receives a package at the office. It's a new tie with duck prints, a gift from his boss. Carlos can't help but laugh remembering his flying tie and the park duck.

SUMMARY IN SPANISH:

Carlos se prepara para una importante entrevista de trabajo. Ha seleccionado su mejor traje y una corbata azul brillante para causar una buena impresión. Después de un desayuno rápido, sale de la casa.

De camino a la entrevista, decide tomar un atajo a través del parque. Justo cuando está pasando junto al estanque, una ráfaga de viento le arranca la corbata del cuello. Vuela por el aire y, para su horror, cae justo en el agua.

Un pato se acerca a la corbata y empieza a jugar con ella. Carlos intenta recuperarla, pero el pato se la lleva nadando. Carlos no puede evitar reírse de lo absurdo de la situación.

Finalmente, llega a la entrevista sin corbata. El jefe lo mira confundido, pero Carlos le explica lo que sucedió. El jefe se echa a reír y le dice que esa es la historia más graciosa que ha escuchado en mucho tiempo.

Por suerte, el jefe es un hombre risueño y le gusta la gente con buen sentido del humor. Le ofrece el trabajo a Carlos en el acto, diciéndole que una persona que puede reírse de sí misma en una situación así es exactamente lo que la empresa necesita.

Al día siguiente, Carlos recibe un paquete en la oficina. Es una corbata nueva con patos estampados, un regalo de su jefe. Carlos no puede evitar reírse al recordar su corbata voladora y el pato del parque.

CHAPTER 5

PESCANDO CON EL ABUELO
(FISHING WITH GRANDPA)

KEY WORDS: abuelo (grandpa), pesca (fishing), lago (lake), barco (boat), madrugada (dawn), paciencia (patience), desayuno (breakfast), caña de pescar (fishing rod), pescado (fish), enseñanzas (lessons), recuerdos (memories), risas (laughs)

STORY:

Miguel siempre ha disfrutado los fines de semana que pasa con su abuelo. Pero lo que más le gusta es ir a pescar al lago en la madrugada. El abuelo siempre le dice que los peces están más activos al amanecer.

Antes de salir de casa, preparan juntos un desayuno de huevos y tostadas. Comen en silencio, emocionados por el día que les espera. Una vez que terminan de comer, recogen sus cañas de pescar y salen al lago.

Navegan juntos en el pequeño barco de su abuelo hasta llegar al lugar perfecto para pescar. Mientras esperan a que los peces muerdan el anzuelo, el abuelo le cuenta a Miguel historias de su juventud. Historias de grandes pescados y de aventuras en el mar.

Pescar requiere mucha paciencia, algo que el abuelo siempre ha tratado de enseñarle a Miguel. A veces, pasan horas sin que nada muerda el anzuelo. Pero para Miguel, eso no importa. Disfruta de la tranquilidad del lago y de las enseñanzas de su abuelo.

Al final del día, vuelven a casa con algunos pescados y muchas risas. Miguel ayuda a su abuelo a limpiar y cocinar el pescado. Comen juntos, compartiendo más historias y risas. Para Miguel, estos son los mejores días.

Aunque no siempre atrapan muchos peces, las lecciones y recuerdos que Miguel comparte con su abuelo son invaluables. Y cada vez que van a pescar, Miguel se siente agradecido por estos momentos y por las enseñanzas de su abuelo.

SUMMARY IN ENGLISH:

Miguel has always enjoyed the weekends he spends with his grandpa. But what he likes most is going fishing at the lake at dawn. Grandpa always tells him that the fish are more active at sunrise.

Before they leave the house, they prepare a breakfast of eggs and toast together. They eat in silence, excited for the day that awaits them. Once they finish eating, they pick up their fishing rods and head to the lake.

They sail together in Grandpa's small boat until they reach the perfect spot for fishing. As they wait for the fish to bite, Grandpa tells Miguel stories from his youth. Stories of big fish and adventures at sea.

Fishing requires a lot of patience, something Grandpa has always tried to teach Miguel. Sometimes, they spend hours without anything biting. But for Miguel, that doesn't matter. He enjoys the tranquillity of the lake and the lessons from his grandpa.

At the end of the day, they return home with some fish and lots of laughter. Miguel helps Grandpa clean and cook the fish. They eat together, sharing more stories and laughs. For Miguel, these are the best days.

Although they don't always catch many fish, the lessons and memories Miguel shares with his grandpa are invaluable. And every time they go fishing, Miguel is thankful for these moments and for Grandpa's teachings.

SUMMARY IN SPANISH:

Miguel siempre ha disfrutado los fines de semana que pasa con su abuelo. Pero lo que más le gusta es ir a pescar al lago en la madrugada. El abuelo siempre le dice que los peces están más activos al amanecer.

Antes de salir de casa, preparan juntos un desayuno de huevos y tostadas. Comen en silencio, emocionados por el día que les espera. Una vez que terminan de comer, recogen sus cañas de pescar y salen al lago.

Navegan juntos en el pequeño barco de su abuelo hasta llegar al lugar perfecto para pescar. Mientras esperan a que los peces muerdan el anzuelo, el abuelo le cuenta a Miguel historias de su juventud. Historias de grandes pescados y de aventuras en el mar.

Pescar requiere mucha paciencia, algo que el abuelo siempre ha tratado de enseñarle a Miguel. A veces, pasan horas sin que nada muerda el anzuelo. Pero para Miguel, eso no importa. Disfruta de la tranquilidad del lago y de las enseñanzas de su abuelo.

Al final del día, vuelven a casa con algunos pescados y muchas risas. Miguel ayuda a su abuelo a limpiar y cocinar el pescado. Comen juntos, compartiendo más historias y risas. Para Miguel, estos son los mejores días.

Aunque no siempre atrapan muchos peces, las lecciones y recuerdos que Miguel comparte con su abuelo son invaluables. Y cada vez que van a pescar, Miguel se siente agradecido por estos momentos y por las enseñanzas de su abuelo.

CHAPTER 6

MIGUEL Y EL TESORO ESCONDIDO (MIGUEL AND THE HIDDEN TREASURE)

KEY WORDS: Tesoro (treasure), escondido (hidden), mapa (map), aventura (adventure), playa (beach), palma (palm tree), roca (rock), cavar (dig), sorpresa (surprise), emocionado (excited), amigo (friend), descubrir (discover), monedas (coins), antiguo (old), maravillado (amazed)

STORY:

Miguel siempre ha soñado con una gran aventura. Un día, encuentra un viejo mapa en el ático de su abuela. El mapa parece indicar un tesoro escondido. Miguel está emocionado. Decide buscar el tesoro.

La búsqueda del tesoro lleva a Miguel a la playa local. El mapa indica una palma alta junto a una roca grande. Miguel encuentra la palma y la roca. Con una pala en la mano, comienza a cavar.

Cava durante horas bajo el sol caliente. Está sudando y cansado, pero no se rinde. Finalmente, su pala golpea algo duro. Miguel cava un poco más y descubre una vieja caja de madera.

Con cuidado, Miguel abre la caja. Dentro, encuentra monedas de oro antiguo y joyas brillantes. Miguel está maravillado. Nunca había visto un tesoro real antes.

Corre a casa, llevando la caja con cuidado. Le muestra el tesoro a su mejor amigo, Juan. Juan está igualmente sorprendido. Ambos pasan el resto del día admirando el tesoro y soñando con las aventuras que podrían tener.

Al final del día, Miguel se siente agradecido por su aventura. Aunque está cansado, está feliz. Encontró un tesoro real, justo como en sus sueños.

SUMMARY IN ENGLISH:

In this story, Miguel always dreamed of a great adventure. One day, he finds an old map in his grandmother's attic that seems to indicate hidden treasure. Excited, Miguel decides to search for it. The hunt takes him to the local beach where he finds a tall palm tree next to a large rock, as indicated on the map. He digs for hours in the hot sun, and eventually, his shovel hits a wooden box. Inside, he finds old gold coins and shiny jewels. He rushes home to show his best friend, Juan, who is equally amazed. They spend the rest of the day admiring the treasure and dreaming about the adventures they could have. At the end of the day, even though he is tired, Miguel is happy. He found real treasure, just like in his dreams.

SUMMARY IN SPANISH:

En esta historia, Miguel siempre soñó con una gran aventura. Un día, encuentra un viejo mapa en el ático de su abuela que parece indicar un tesoro escondido. Emocionado, Miguel decide buscarlo. La búsqueda lo lleva a la playa local donde encuentra una palma alta junto a una gran roca, tal como indica el mapa. Cava durante horas bajo el sol caliente, y finalmente, su pala golpea una caja de madera.

Dentro, encuentra monedas de oro antiguas y joyas brillantes. Corre a casa para mostrarle a su mejor amigo, Juan, quien está igualmente sorprendido. Pasan el resto del día admirando el tesoro y soñando con las aventuras que podrían tener. Al final del día, a pesar de que está cansado, Miguel está feliz. Encontró un tesoro real, justo como en sus sueños.

CHAPTER 7

SOFIA Y EL GATO PERDIDO
(SOFIA AND THE LOST CAT)

KEY WORDS: Gato (cat), perdido (lost), vecino (neighbor), buscar (search), llorar (cry), colorido (colorful), collar (collar), jardín (garden), árbol (tree), amigable (friendly), casa (home), feliz (happy), encontrar (find), alivio (relief), agradecido (grateful), parque (park), tienda (store), helado (ice cream)

STORY:

Un día, Sofia escucha a su vecino, Señor Ramírez, desde su ventana. Señor Ramírez está llorando. Su gato, llamado Luna, está perdido. Sofia se siente triste por su vecino y decide ayudar.

Ella comienza a buscar a Luna. Luna es una gata pequeña con un collar colorido. Sofia busca primero en su propio jardín, debajo del gran árbol y alrededor de las flores. Pero Luna no está allí.

Luego, Sofia decide buscar en el parque. Muchas veces veía a Luna jugando allí. Mira detrás de los arbustos, debajo de los bancos del parque, e incluso en la cima del tobogán. Pero Luna sigue sin aparecer.

Después de buscar en el parque, Sofia camina hasta la tienda local. A veces, Luna se acurrucaba cerca de la tienda porque los dueños le daban leche. Pero hoy, Luna no está allí tampoco.

Después de un rato, Sofia decide volver a casa. Pero en el camino, ve algo moviéndose en un árbol. Es Luna. Luna parece asustada, pero reconoce a Sofia y se deja llevar a casa.

Al ver a Luna, Señor Ramírez está muy feliz. Él abraza a su gata y agradece a Sofia. El alivio se ve en su rostro. Sofia también siente alivio. Ella está feliz de haber podido ayudar.

Como agradecimiento, Señor Ramírez le ofrece a Sofia su helado favorito, de vainilla con chispas de chocolate. Sofia sonríe agradecida. Ella se siente bien por haber ayudado a su vecino y haber encontrado a Luna.

SUMMARY IN ENGLISH:

In this story, Sofia hears her neighbor, Mr. Ramírez, crying from her window. His cat, named Luna, is lost. Feeling sad for her neighbor, Sofia decides to help. She begins searching for Luna, a small cat with a colorful collar. She searches her own garden, the park, and even the local store but can't find Luna. Finally, on her way home, Sofia finds Luna in a tree. She brings Luna back to a very relieved and thankful Mr. Ramírez. As a token of his gratitude, he gives Sofia her favorite ice cream, vanilla with chocolate chips. Sofia feels good for helping her neighbor and finding Luna.

SUMMARY IN SPANISH:

En esta historia, Sofia escucha a su vecino, el Señor Ramírez, llorar desde su ventana. Su gata, llamada Luna, está perdida. Sintiéndose triste por su vecino, Sofia decide ayudar. Comienza a buscar a Luna, una pequeña gata con un collar colorido. Busca en su propio jardín, el parque e incluso la tienda local, pero no puede encontrar a Luna.

Finalmente, en su camino a casa, Sofía encuentra a Luna en un árbol. Lleva a Luna de vuelta a un Señor Ramírez muy aliviado y agradecido. Como muestra de su gratitud, él le da a Sofía su helado favorito, de vainilla con chispas de chocolate. Sofía se siente bien por haber ayudado a su vecino y por haber encontrado a Luna.

CHAPTER 8

CARMEN Y LA COMETA MÁGICA (CARMEN AND THE MAGIC KITE)

KEY WORDS: Cometa (kite), mágica (magic), viento (wind), volar (fly), nubes (clouds), azul (blue), parque (park), niños (children), alto (high), dibujos (drawings), risas (laughs), sorpresa (surprise), colores (colors), misterio (mystery), encantado (enchanted)

STORY:

Carmen tiene una cometa muy especial. Es una cometa mágica que puede volar muy alto, hasta las nubes. La cometa tiene muchos colores brillantes y dibujos de flores y mariposas.

Un día, Carmen lleva la cometa al parque. El viento es fuerte y perfecto para volar la cometa. Los otros niños en el parque miran con asombro mientras Carmen lanza la cometa al aire.

La cometa vuela alto en el cielo azul. Carmen se ríe y corre mientras mantiene la cuerda. Es un día hermoso, y la cometa luce brillante y alegre contra las nubes.

De repente, la cometa brilla y empieza a cambiar de color. Primero se vuelve roja, luego azul, luego verde. Los otros niños aplauden y ríen de sorpresa. Carmen también está sorprendida, pero se siente emocionada. La cometa mágica está mostrando sus verdaderos colores.

Al final del día, Carmen recoge la cometa y se va a casa. Aunque está cansada, se siente feliz y emocionada. Hoy, su cometa mágica trajo risas y sorpresas al parque. No puede esperar para ver qué otras magias puede traer su cometa mágica.

SUMMARY IN ENGLISH:

In this story, Carmen has a very special kite that can fly very high, up to the clouds. The kite has many bright colors and drawings of flowers and butterflies. One day, Carmen takes the kite to the park. The wind is strong and perfect for flying the kite. The other children in the park watch in awe as Carmen launches the kite into the air. The kite flies high in the blue sky, looking bright and cheerful against the clouds. Suddenly, the kite shines and starts to change color. First it turns red, then blue, then green. The other children cheer and laugh in surprise. Carmen is also surprised but feels excited. The magic kite is showing its true colors. At the end of the day, Carmen collects the kite and goes home. She is tired but feels happy and excited. Today, her magic kite brought laughter and surprises to the park. She can't wait to see what other magic her kite can bring.

SUMMARY IN SPANISH:

En esta historia, Carmen tiene una cometa muy especial que puede volar muy alto, hasta las nubes. La cometa tiene muchos colores brillantes y dibujos de flores y mariposas. Un día, Carmen lleva la cometa al parque. El viento es fuerte y perfecto para volar la cometa. Los otros niños en el parque miran con asombro mientras Carmen lanza la cometa al aire. La cometa vuela alto en el cielo azul, luciendo brillante y alegre contra las nubes. De repente, la cometa brilla y comienza a cambiar de color. Primero se vuelve roja, luego azul, luego verde. Los otros niños aplauden y ríen de sorpresa. Carmen también está sorprendida pero se siente emocionada. La cometa mágica está mostrando sus verdaderos colores. Al final del día, Carmen recoge la cometa y se va a casa. Está cansada pero se siente feliz y emocionada. Hoy, su cometa mágica trajo risas y sorpresas al parque. No puede esperar para ver qué otras magias puede traer su cometa mágica.

CHAPTER 9

PEDRO Y SU BICICLETA
(PEDRO AND HIS BICYCLE)

KEY WORDS: Bicicleta (bicycle), paseo (ride), calle (street), casco (helmet), amigo (friend), rápido (fast), lento (slow), tienda (store), helado (ice cream), sonrisa (smile), seguro (safe), parque (park), árbol (tree), feliz (happy), casa (house)

STORY:

Pedro tiene una bicicleta nueva. Es roja y brillante. Pedro se pone su casco. Es importante ser seguro.

Él sale de su casa y va a la calle. La bicicleta es rápida. Pedro sonríe mientras pedalea. Es un día hermoso para un paseo.

Ve a su amigo, Juan, en el parque. Juan también tiene una bicicleta. Juegan una carrera. Pedro va rápido. Juan va lento. Pedro gana la carrera. Ambos ríen.

Después, Pedro y Juan van a la tienda. Compran helado. Pedro elige helado de chocolate. Juan elige helado de vainilla. El helado está frío y delicioso.

Pedro dice adiós a Juan. Va a casa. Pasa por un árbol grande y un parque bonito. Pedro se siente feliz. Le encanta su bicicleta nueva.

SUMMARY IN ENGLISH:

In this story, Pedro has a new, shiny red bicycle. He puts on his helmet for safety and rides his bike on the street. He sees his friend Juan in the park, and they have a race. Pedro goes fast, Juan goes slow, and Pedro wins the race. They both laugh. Later, Pedro and Juan go to the store and buy ice cream. Pedro chooses chocolate and Juan chooses vanilla. The ice cream is cold and delicious. Pedro says goodbye to Juan and rides home, passing a big tree and a beautiful park. He feels happy and loves his new bicycle.

SUMMARY IN SPANISH:

En esta historia, Pedro tiene una bicicleta nueva, roja y brillante. Se pone su casco para seguridad y monta su bicicleta en la calle. Ve a su amigo Juan en el parque y tienen una carrera. Pedro va rápido, Juan va lento y Pedro gana la carrera. Ambos se ríen. Luego, Pedro y Juan van a la tienda y compran helado. Pedro elige chocolate y Juan elige vainilla. El helado está frío y delicioso. Pedro se despide de Juan y vuelve a casa, pasando por un árbol grande y un hermoso parque. Se siente feliz y ama su nueva bicicleta.

CHAPTER 10

ROBERTO Y EL MISTERIOSO MAPA (ROBERTO AND THE MYSTERIOUS MAP)

KEY WORDS: Mapa (map), misterioso (mysterious), tesoro (treasure), pirata (pirate), jardín (garden), buscar (search), excavación (digging), entusiasmado (excited), amigo (friend), secreto (secret), descubrimiento (discovery), caja (box), antiguo (old), sorpresa (surprise), divertido (fun)

STORY:

Roberto encuentra un mapa antiguo en el ático de su casa. Parece ser un mapa del tesoro. Roberto está entusiasmado. ¿Podría ser un verdadero mapa de un pirata?

El mapa muestra un tesoro enterrado en su jardín. Roberto decide buscarlo. Coge una pala y empieza a excavar en el lugar marcado en el mapa.

Después de un rato, Roberto golpea algo duro con la pala. Excava un poco más y descubre una caja pequeña. La caja parece muy antigua.

Roberto abre la caja con cuidado. Dentro, encuentra una vieja moneda de oro y un pedazo de papel. El papel es una nota de un niño que vivía en su casa hace muchos años. Era su caja de tesoros secreta.

Roberto se ríe. No es un tesoro de pirata, pero es un descubrimiento divertido. Decide guardar la caja y su contenido como un recuerdo especial.

Esa noche, Roberto invita a su mejor amigo a ver el descubrimiento. Ambos se ríen y deciden hacer su propio mapa del tesoro para el próximo aventurero en la casa.

SUMMARY IN ENGLISH:

In this story, Roberto finds an old map in his house's attic. It seems to be a treasure map. Roberto is excited. Could it be a real pirate's map? The map shows a buried treasure in his garden. Roberto decides to look for it. He takes a shovel and starts digging at the place marked on the map. After a while, Roberto hits something hard with the shovel. He digs a bit more and discovers a small box. The box looks very old. Roberto carefully opens the box. Inside, he finds an old gold coin and a piece of paper. The paper is a note from a child who lived in his house many years ago. It was their secret treasure box. Roberto laughs. It's not a pirate's treasure, but it's a fun discovery. He decides to keep the box and its contents as a special memory. That night, Roberto invites his best friend to see the discovery. They both laugh and decide to make their own treasure map for the next adventurer in the house.

SUMMARY IN SPANISH:

En esta historia, Roberto encuentra un mapa antiguo en el ático de su casa. Parece ser un mapa del tesoro. Roberto está entusiasmado. ¿Podría ser un verdadero mapa de un pirata? El mapa muestra un tesoro enterrado en su jardín. Roberto decide buscarlo. Coge una pala y empieza a excavar en el lugar marcado en el mapa. Después de un rato, Roberto golpea algo duro con la pala. Excava un poco más y descubre una caja pequeña. La caja parece muy antigua. Roberto abre cuidadosamente la caja. Dentro, encuentra una vieja moneda de oro y un pedazo de papel. El papel es una nota de un niño que vivía en su casa hace muchos años. Era su caja de tesoros secreta. Roberto se ríe. No es un tesoro de pirata, pero es un descubrimiento divertido. Decide guardar la caja y su contenido como un recuerdo especial. Esa noche, Roberto invita a su mejor amigo a ver el descubrimiento. Ambos se ríen y deciden hacer su propio mapa del tesoro para el próximo aventurero en la casa.

CHAPTER 11

EL PARQUE DE LAURA
(LAURA'S PARK)

KEY WORDS: Parque (park), sol (sun), árboles (trees), jugando (playing), amigos (friends), perro (dog), pelota (ball), risas (laughs), sándwich (sandwich), jugo (juice), pájaros (birds), flores (flowers), columpio (swing), alegre (happy), paseo (walk)

STORY:

Hoy, Laura va al parque. El sol brilla en el cielo y los árboles dan sombra. Laura está feliz. Ella trae una pelota para jugar.

En el parque, Laura encuentra a sus amigos. Ellos están jugando con un perro. El perro es grande y amigable. Le gusta la pelota de Laura.

Todos ríen y juegan juntos. El perro corre tras la pelota. Los amigos de Laura aplauden. Es un día divertido.

Laura tiene hambre. Ella abre su mochila y saca un sándwich. También tiene un jugo. Sus amigos tienen galletas. Comparten la comida y beben jugo.

Después de comer, Laura ve a los pájaros. Los pájaros cantan en los árboles. También hay flores bonitas. Laura le gusta las flores.

Laura ve un columpio. Ella corre al columpio y se sienta. Se balancea hacia adelante y hacia atrás. Se siente libre y alegre.

Finalmente, Laura se va a casa. Ella está cansada pero feliz. El parque es su lugar favorito. Ella espera volver mañana.

SUMMARY IN ENGLISH:

In this story, Laura goes to the park. The sun is shining, and the trees provide shade. Laura brings a ball to play with. At the park, she meets her friends who are playing with a big and friendly dog. They all laugh and play together. Laura gets hungry and eats a sandwich and drinks some juice. After eating, Laura watches the birds singing in the trees and admires the beautiful flowers. She also enjoys a ride on the swing. At the end of the day, she goes home feeling tired but happy, looking forward to returning to the park the next day.

SUMMARY IN SPANISH:

En esta historia, Laura va al parque. El sol brilla y los árboles proporcionan sombra. Laura lleva una pelota para jugar. En el parque, se encuentra con sus amigos que están jugando con un perro grande y amigable. Todos se ríen y juegan juntos. Laura tiene hambre y come un sándwich y bebe un jugo. Después de comer, Laura observa a los pájaros cantando en los árboles y admira las hermosas flores. También disfruta de un paseo en el columpio. Al final del día, ella regresa a casa sintiéndose cansada pero feliz, con ganas de volver al parque al día siguiente.

CHAPTER 12

LA FIESTA DE CUMPLEAÑOS
(THE BIRTHDAY PARTY)

KEY WORDS: Fiesta (party), cumpleaños (birthday), regalos (gifts), pastel (cake), amigos (friends), jugar (play), feliz (happy), baile (dance), globos (balloons), regalo sorpresa (surprise gift), decoraciones (decorations), risas (laughs), diversión (fun)

STORY:

Hoy es la fiesta de cumpleaños de Ana. Está muy emocionada. Espera a sus amigos en su casa, que está llena de globos y otras decoraciones coloridas.

Los amigos de Ana llegan con regalos. Ana abre los regalos y está muy feliz. Recibe un libro, una muñeca y una pelota de fútbol.

Después de abrir los regalos, todos comen pastel. Es un pastel de chocolate, el favorito de Ana. Todos ríen y hablan mientras comen.

Más tarde, todos juegan al fútbol en el jardín. Ana es muy buena en fútbol y anota muchos goles. Los amigos de Ana aplauden y ríen.

Cuando cae la noche, ponen música y todos bailan. Ana disfruta mucho de la música y el baile.

Finalmente, los padres de Ana traen un regalo sorpresa. Es una bicicleta nueva. Ana está muy emocionada y agradecida.

La fiesta de cumpleaños de Ana termina con muchas risas y diversión.

SUMMARY IN ENGLISH:

This story is about Ana's birthday party. She is excited and waits for her friends at her house, which is filled with balloons and colorful decorations. Ana's friends arrive with gifts and she is very happy when she opens them. They eat chocolate cake, Ana's favorite, and then play football in the garden. Ana scores many goals and her friends cheer and laugh. When it gets dark, they put on music and everyone dances. Ana's parents surprise her with a new bike, which makes her very excited and grateful. The party ends with lots of laughter and fun.

SUMMARY IN SPANISH:

Esta historia es sobre la fiesta de cumpleaños de Ana. Ella está emocionada y espera a sus amigos en su casa, que está llena de globos y decoraciones coloridas. Los amigos de Ana llegan con regalos y ella está muy feliz al abrirlos. Comen pastel de chocolate, el favorito de Ana, y luego juegan al fútbol en el jardín. Ana mete muchos goles y sus amigos aplauden y ríen. Cuando oscurece, ponen música y todos bailan. Los padres de Ana la sorprenden con una bicicleta nueva, lo que la hace sentir muy emocionada y agradecida. La fiesta termina con muchas risas y diversión.

CHAPTER 13

UN DÍA EN LA PLAYA (A DAY AT THE BEACH)

KEY WORDS: Playa (beach), sol (sun), arena (sand), mar (sea), nadar (swim), castillo de arena (sand castle), helado (ice cream), calor (heat), pelota (ball), gaviotas (seagulls), olas (waves), sombrilla (umbrella), toalla (towel), risa (laugh)

STORY:

Hoy, Sofia y su familia están en la playa. El sol brilla en el cielo y la arena está caliente bajo sus pies.

Sofia corre hacia el mar. Las olas son grandes y azules. Sofia salta sobre las olas y se ríe.

Después de nadar, Sofia y su hermano deciden construir un castillo de arena. Usan cubos y palas para hacer las torres. Sofia decora el castillo con conchas y piedras.

Al mediodía, hace mucho calor. Sofia y su familia se sientan bajo la sombrilla. Comen sandwiches y beben limonada fresca. Sofia también come un helado de vainilla.

Por la tarde, Sofía juega a la pelota con su hermano. Pasan la pelota de un lado a otro. Las gaviotas vuelan sobre ellos y todo el mundo se ríe.

Al final del día, Sofía y su familia empacan sus cosas. Están cansados, pero felices. Ha sido un día maravilloso en la playa.

SUMMARY IN ENGLISH:

This story is about a day Sofía and her family spend at the beach. The sun is shining and the sand is warm. Sofía runs towards the sea and jumps over the waves, laughing. After swimming, Sofía and her brother build a sand castle and decorate it with shells and stones. At noon, they sit under an umbrella to eat sandwiches, drink lemonade, and Sofía has a vanilla ice cream. In the afternoon, Sofía and her brother play ball, and everyone laughs as seagulls fly above them. At the end of the day, they pack their things, feeling tired but happy after a wonderful day at the beach.

SUMMARY IN SPANISH:

Esta historia es sobre un día que Sofía y su familia pasan en la playa. El sol brilla y la arena está caliente. Sofía corre hacia el mar y salta sobre las olas, riendo. Después de nadar, Sofía y su hermano construyen un castillo de arena y lo decoran con conchas y piedras. Al mediodía, se sientan bajo una sombrilla para comer sandwiches, beber limonada, y Sofía come un helado de vainilla. Por la tarde, Sofía y su hermano juegan a la pelota, y todos se ríen mientras las gaviotas vuelan sobre ellos. Al final del día, empacan sus cosas, se sienten cansados pero felices después de un maravilloso día en la playa.

CHAPTER 14

ANA Y EL DÍA DE NIEVE (ANA AND THE SNOWY DAY)

KEY WORDS: Nieve (snow), frío (cold), diversión (fun), muñeco de nieve (snowman), bufanda (scarf), gorro (hat), invierno (winter), jugar (play), batalla de bolas de nieve (snowball fight), amigos (friends), chocolate caliente (hot chocolate), risas (laughs), día (day), inolvidable (unforgettable), sonrisa (smile)

STORY:

Cuando Ana se despierta, ve que todo está cubierto de nieve. Los árboles y las casas tienen un hermoso manto blanco. Ana está emocionada. ¡Es un día perfecto para jugar en la nieve!

Después de desayunar, Ana se pone su gorro, su bufanda y sus guantes. Sale al jardín y empieza a hacer un gran muñeco de nieve. Usa una zanahoria para la nariz, y botones para los ojos y la boca.

Sus amigos llegan, y juntos hacen más muñecos de nieve. Después, empiezan una divertida batalla de bolas de nieve. Las risas llenan el aire frío del invierno. Ana siente felicidad.

Cuando comienza a oscurecer, todos entran a la casa. Preparan chocolate caliente y se sientan alrededor de la chimenea, contando historias y riendo juntos.

Ana se acuesta esa noche con una sonrisa en su rostro. Ha sido un día de nieve inolvidable. Y aunque esté frío afuera, ella se siente cálida y feliz por dentro.

SUMMARY IN ENGLISH:

In this story, Ana wakes up to find everything covered in snow. The trees and houses have a beautiful white blanket. Ana is excited. It's a perfect day to play in the snow! After breakfast, Ana puts on her hat, scarf, and gloves. She goes out to the garden and starts making a big snowman. She uses a carrot for the nose and buttons for the eyes and the mouth. Her friends arrive, and together they make more snow-men. Then, they start a fun snowball fight. Laughter fills the cold winter air. Ana feels happiness. When it starts to get dark, everyone goes into the house. They make hot chocolate and sit around the fire-place, telling stories and laughing together. Ana goes to bed that night with a smile on her face. It's been an unforgettable snowy day. And even though it's cold outside, she feels warm and happy inside.

SUMMARY IN SPANISH:

En esta historia, Ana se despierta y encuentra todo cubierto de nieve. Los árboles y las casas tienen un hermoso manto blanco. Ana está emocionada. ¡Es un día perfecto para jugar en la nieve! Después del desayuno, Ana se pone su gorro, su bufanda y sus guantes. Sale al jardín y empieza a hacer un gran muñeco de nieve. Usa una zana-horia para la nariz, y botones para los ojos y la boca. Sus amigos llegan, y juntos hacen más muñecos de nieve. Luego, empiezan una divertida batalla de bolas de nieve. Las risas llenan el aire frío del invierno. Ana siente felicidad. Cuando comienza a oscurecer, todos entran a la casa. Preparan chocolate caliente y se sientan alrededor de la chimenea, contando historias y riendo juntos. Ana se acuesta esa noche con una sonrisa en su rostro. Ha sido un día de nieve inolvidable. Y aunque esté frío afuera, ella se siente cálida y feliz por dentro.

CHAPTER 15

EL NUEVO CACHORRO (THE NEW PUPPY)

KEY WORDS: Cachorro (puppy), nuevo (new), jugar (play), parque (park), correr (run), felicidad (happiness), collar (collar), pelota (ball), risa (laugh), caminar (walk), mascota (pet), cariño (affection), familia (family)

STORY:

Hoy, Pedro y su familia tienen un nuevo cachorro. Le ponen de nombre Max. Max es pequeño, peludo y muy juguetón.

Pedro decide llevar a Max al parque. Pone un collar azul en Max y caminan juntos. Max corre por el césped, persiguiendo su cola y haciendo reír a Pedro.

En el parque, Pedro juega a la pelota con Max. Lanza la pelota y Max corre para atraparla. A Max le encanta jugar a la pelota. Pedro se ríe y aplaude cada vez que Max atrapa la pelota.

Después de jugar, Pedro y Max se sientan bajo un árbol. Max está cansado y se acuesta en el regazo de Pedro. Pedro acaricia a Max y el cachorro cierra los ojos. Pedro siente mucho cariño por su nueva mascota.

Al final del día, Pedro y Max regresan a casa. La familia está feliz de ver a Max. Todos le dan cariño al cachorro. Pedro sabe que Max será un gran amigo y miembro de la familia.

SUMMARY IN ENGLISH:

This story is about a boy named Pedro who gets a new puppy named Max. Max is small, furry, and playful. Pedro decides to take Max to the park where they play fetch. Pedro throws a ball and Max runs to catch it, making Pedro laugh. After playing, they sit under a tree where Max falls asleep in Pedro's lap. Pedro feels a lot of affection for his new pet. At the end of the day, they return home where the family is happy to see Max. Pedro knows that Max will be a great friend and a member of the family.

SUMMARY IN SPANISH:

Esta historia es sobre un niño llamado Pedro que tiene un nuevo cachorro llamado Max. Max es pequeño, peludo y juguetón. Pedro decide llevar a Max al parque donde juegan a buscar la pelota. Pedro lanza una pelota y Max corre para atraparla, haciendo reír a Pedro. Después de jugar, se sientan bajo un árbol donde Max se queda dormido en el regazo de Pedro. Pedro siente mucho cariño por su nueva mascota. Al final del día, regresan a casa donde la familia está feliz de ver a Max. Pedro sabe que Max será un gran amigo y miembro de la familia.

CHAPTER 16

VISITA AL MUSEO (VISIT TO THE MUSEUM)

KEY WORDS: Museo (museum), pintura (painting), escultura (sculpture), arte (art), historia (history), antiguo (ancient), fotografía (photography), sorprendido (surprised), exposición (exhibition), retrato (portrait), dibujo (drawing), divertido (fun), inspirador (inspiring), colores (colors)

STORY:

Hoy, Miguel y su clase visitan el museo de arte. El museo es grande y lleno de luz. Hay pinturas y esculturas de diferentes épocas.

Miguel se queda frente a un retrato antiguo. Los colores son vivos y la cara del retrato parece real. Miguel está sorprendido por la habilidad del artista.

Después, Miguel va a la exposición de fotografía. Ve fotos de diferentes partes del mundo. Las imágenes son tan hermosas que Miguel siente que está viajando.

Luego, Miguel y sus compañeros de clase participan en un taller de dibujo. Cada uno tiene que dibujar su propia interpretación de una escultura. Miguel elige una escultura de un caballo y dibuja con colores brillantes.

Al final del día, todos están cansados pero felices. Han aprendido mucho sobre arte e historia. Miguel siente que el museo es un lugar inspirador.

SUMMARY IN ENGLISH:

This story is about Miguel and his class visiting an art museum. The museum is large and filled with light, showcasing paintings and sculptures from different eras. Miguel is amazed by an ancient portrait, whose colors are vibrant and the face looks real. Then, he visits a photography exhibition and feels like he is traveling as he looks at pictures from different parts of the world. Later, Miguel and his classmates participate in a drawing workshop where they interpret a sculpture. Miguel chooses a horse sculpture and draws it using bright colors. At the end of the day, they are tired but happy, having learned a lot about art and history. Miguel finds the museum to be an inspiring place.

SUMMARY IN SPANISH:

Esta historia es sobre Miguel y su clase visitando un museo de arte. El museo es grande y lleno de luz, exhibiendo pinturas y esculturas de diferentes épocas. Miguel se asombra ante un retrato antiguo, cuyos colores son vibrantes y la cara parece real. Luego, visita una exposición de fotografía y siente que está viajando al ver fotos de diferentes partes del mundo. Más tarde, Miguel y sus compañeros de clase participan en un taller de dibujo donde interpretan una escultura. Miguel elige una escultura de un caballo y la dibuja usando colores brillantes. Al final del día, están cansados pero felices, habiendo aprendido mucho sobre arte e historia. Miguel encuentra el museo un lugar inspirador.

CHAPTER 17

COCINANDO CON ABUELA
(COOKING WITH GRANDMA)

KEY WORDS: Cocinar (cook), abuela (grandma), receta (recipe), galletas (cookies), masa (dough), horno (oven), delicioso (delicious), risas (laughs), aprender (learn), mezclar (mix), batir (whisk), azúcar (sugar), huevo (egg), harina (flour), sabroso (tasty)

STORY:

Hoy, Laura está en la cocina con su abuela. Vamos a hacer galletas, dice la abuela. Laura está emocionada. Le encanta cocinar y le encantan las galletas.

Primero, mezclan los ingredientes en un tazón. La abuela le muestra cómo batir el huevo y mezclarlo con el azúcar. Luego, agregan la harina y amasan la masa.

Laura usa un cortador de galletas para dar forma a la masa. La abuela las coloca en el horno. Mientras las galletas se hornean, la abuela le cuenta historias de su infancia. Laura escucha con interés y se ríe.

Finalmente, las galletas están listas. Laura las saca del horno con cuidado. Huele delicioso. Prueban las galletas y son muy sabrosas.

Laura se siente orgullosa de su trabajo.

SUMMARY IN ENGLISH:

This story is about Laura cooking cookies with her grandma. Laura is excited as she loves cooking and cookies. They mix the ingredients, with Grandma showing Laura how to whisk the egg and mix it with the sugar. Then they add flour and knead the dough. Laura uses a cookie cutter to shape the dough, and Grandma puts them in the oven. While the cookies are baking, Grandma tells stories from her childhood, which makes Laura laugh. Finally, the cookies are ready and smell delicious. They taste them and find them very tasty. Laura is proud of her work.

SUMMARY IN SPANISH:

Esta historia es sobre Laura cocinando galletas con su abuela. Laura está emocionada ya que le encanta cocinar y le encantan las galletas. Mezclan los ingredientes, con la abuela mostrando a Laura cómo batir el huevo y mezclarlo con el azúcar. Luego agregan harina y amasan la masa. Laura usa un cortador de galletas para dar forma a la masa, y la abuela las mete en el horno. Mientras se hornean las galletas, la abuela cuenta historias de su infancia, lo que hace reír a Laura. Finalmente, las galletas están listas y huelen delicioso. Las prueban y les parecen muy sabrosas. Laura se siente orgullosa de su trabajo.

CHAPTER 18

EL VIAJE DE CAMPING (THE CAMPING TRIP)

KEY WORDS: Viaje (trip), camping (camping), tienda de campaña (tent), bosque (forest), fogata (bonfire), pescar (fishing), estrellas (stars), historias (stories), canto de los pájaros (birdsong), sendero (trail), lago (lake), canoa (canoe), mapache (raccoon), risas (laughs), aventura (adventure), naturaleza (nature)

STORY:

Hoy, Carlos y su familia se embarcan en un viaje de camping. Empacan su auto con la tienda de campaña, sacos de dormir, cañas de pescar, y comida. Con una sonrisa en sus caras, se dirigen al bosque.

Al llegar, encuentran un lugar perfecto para acampar, cerca de un lago hermoso y rodeado de altos árboles. Trabajan juntos para armar la tienda de campaña. Después de un tiempo, tienen una casa cómoda y segura para pasar la noche.

Deciden explorar el bosque, siguiendo un sendero que serpentea entre los árboles. El canto de los pájaros llena el aire, y la familia disfruta del hermoso entorno. En el camino, encuentran un mapache que los observa curiosamente antes de desaparecer entre los arbustos.

Cuando el sol se pone, la familia se reúne alrededor de una fogata. Carlos ayuda a su padre a encenderla y pronto, las llamas bailan en la noche. Mientras comen sus hamburguesas y salchichas asadas, la madre de Carlos cuenta historias de sus propios viajes de camping cuando era niña.

Después de la cena, deciden pescar en el lago bajo la luz de la luna. Carlos lanza su línea al agua y espera. Después de un rato, siente un tirón. Con la ayuda de su padre, logra sacar un pez. Carlos está muy orgulloso de su captura.

Por la noche, acurrucados en sus sacos de dormir, miran las estrellas a través de la abertura de la tienda. La vía láctea se extiende a través del cielo, y Carlos se maravilla de la belleza del universo.

A la mañana siguiente, después de un desayuno sencillo pero delicioso, la familia se sube a una canoa para explorar el lago. Las risas llenan el aire mientras reman juntos, disfrutando de su aventura en la naturaleza.

SUMMARY IN ENGLISH:

In this story, Carlos and his family go on a camping trip. They pack their car with a tent, sleeping bags, fishing rods, and food, and head for the forest. Upon arrival, they find a perfect camping spot near a beautiful lake and set up their tent. They explore the forest, encounter a raccoon, and enjoy the birdsong. As the sun sets, they gather around a bonfire. Carlos's mother tells stories from her own childhood camping trips as they eat their grilled food. After dinner, they go fishing in the lake under the moonlight. Carlos manages to catch a fish with his father's help. At night, they gaze at the stars through the tent opening. The next morning, after a simple but delicious breakfast, the family gets on a canoe to explore the lake.

Laughter fills the air as they paddle together, enjoying their nature adventure.

SUMMARY IN SPANISH:

En esta historia, Carlos y su familia van de viaje de camping. Empacan su auto con una tienda, sacos de dormir, cañas de pescar y comida, y se dirigen al bosque. Al llegar, encuentran un lugar de acampada perfecto cerca de un hermoso lago y montan su tienda. Exploran el bosque, se encuentran con un mapache y disfrutan del canto de los pájaros. Al atardecer, se reúnen alrededor de una fogata. La madre de Carlos cuenta historias de sus propios viajes de camping cuando era niña mientras comen su comida a la parrilla. Después de la cena, van a pescar en el lago bajo la luz de la luna. Carlos logra pescar un pez con la ayuda de su padre. Por la noche, observan las estrellas a través de la abertura de la tienda. A la mañana siguiente, después de un desayuno sencillo pero delicioso, la familia se sube a una canoa para explorar el lago. Las risas llenan el aire mientras reman juntos, disfrutando de su aventura en la naturaleza.

CHAPTER 19

EL PRIMER DÍA DE TRABAJO DE ANA (ANA'S FIRST DAY AT WORK)

KEY WORDS: Trabajo (work), nerviosa (nervous), oficina (office), jefe (boss), compañeros (coworkers), tarea (task), aprendizaje (learning), café (coffee), confianza (confidence), éxito (success), almuerzo (lunch), ordenador (computer), teléfono (phone), reunión (meeting), presentación (presentation)

STORY:

Hoy es el primer día de trabajo de Ana. Se despierta temprano, se viste con cuidado y toma un desayuno saludable para tener energía. Aunque está nerviosa, también está emocionada por comenzar este nuevo capítulo en su vida.

Llega a la oficina y se encuentra con su jefe, que la recibe con una sonrisa amigable. Le presenta a sus nuevos compañeros de trabajo y le muestra su escritorio. A Ana le gusta el ambiente de la oficina; es agradable y acogedor.

Ana comienza a trabajar en su ordenador. Su primera tarea es revisar algunos documentos y hacer una presentación. Está nerviosa pero también ansiosa por demostrar su capacidad.

A la hora del almuerzo, Ana se une a sus compañeros en la cafetería. Comen, ríen y charlan sobre el trabajo y otras cosas. Ana se siente bienvenida y a gusto con su nuevo equipo.

Por la tarde, Ana tiene su primera reunión. Escucha atentamente a sus colegas, toma notas y hace preguntas cuando es necesario. Después de la reunión, trabaja en su presentación, utilizando las sugerencias y comentarios de sus compañeros.

Finalmente, Ana presenta su trabajo al jefe. Aunque está nerviosa, se siente confiada y preparada. Su jefe parece impresionado y la felicita por su buen trabajo.

Al final del día, Ana se siente cansada pero feliz. Su primer día ha sido un éxito. Se da cuenta de que tiene mucho que aprender, pero está emocionada por los desafíos y oportunidades que le esperan en su nuevo trabajo.

SUMMARY IN ENGLISH:

In this story, Ana has her first day at work. She wakes up early, dresses carefully, and has a healthy breakfast. Even though she is nervous, she is also excited to start this new chapter in her life. She meets her boss and coworkers and starts working on her tasks, which include reviewing documents and making a presentation. At lunchtime, she chats with her coworkers and feels welcomed. In the afternoon, she attends her first meeting and works on her presentation. She presents her work to her boss, who seems impressed and congratulates her. At the end of the day, she is tired but happy. Her first day has been a success. She realizes that she has a lot to learn but is excited about the challenges and opportunities that await her in her new job.

SUMMARY IN SPANISH:

En esta historia, Ana tiene su primer día de trabajo. Se despierta temprano, se viste con cuidado y toma un desayuno saludable. Aunque está nerviosa, también está emocionada por comenzar este nuevo capítulo en su vida. Conoce a su jefe y a sus compañeros de trabajo, y comienza a trabajar en sus tareas, que incluyen revisar documentos y hacer una presentación. A la hora del almuerzo, charla con sus compañeros y se siente bienvenida. Por la tarde, asiste a su primera reunión y trabaja en su presentación. Presenta su trabajo a su jefe, quien parece impresionado y la felicita. Al final del día, está cansada pero feliz. Su primer día ha sido un éxito. Se da cuenta de que tiene mucho que aprender, pero está emocionada por los desafíos y las oportunidades que le esperan en su nuevo trabajo.

CHAPTER 20

EL CONCIERTO DE GUITARRA DE MIGUEL (MIGUEL'S GUITAR CONCERT)

KEY WORDS: Guitarra (guitar), concierto (concert), ensayo (rehearsal), nervioso (nervous), aplausos (applause), música (music), escenario (stage), canciones (songs), público (audience), melodia (melody), banda (band), emocionado (excited), talentoso (talented), luces (lights), amplificador (amplifier), coraje (courage)

STORY:

Miguel es un joven talentoso que ama tocar la guitarra. Hoy es un día muy especial para él: su primera presentación en un concierto de música en vivo.

Durante semanas, Miguel y su banda han ensayado incansablemente, preparándose para este día. Han pulido sus canciones, trabajado en la sincronización, y practicado cada acorde hasta que suena perfecto.

Es la tarde del concierto y los nervios de Miguel están a flor de piel. Mira el escenario vacío, las luces brillantes, los amplificadores y micrófonos listos para la acción. A pesar de su ansiedad, Miguel se siente emocionado.

La hora llega y el público comienza a llenar el recinto. Los amigos y familiares de Miguel están allí para apoyarlo. Con un nudo en la garganta, Miguel se sube al escenario con su banda.

Las luces bajan y la música comienza. Miguel toca las primeras notas de su guitarra, y pronto, el aire se llena con la melodía que ha practicado tantas veces. A medida que la música fluye, los nervios de Miguel empiezan a desvanecerse.

Tocan una canción tras otra, su música llenando el aire y llevando a la audiencia en un viaje emocional. Los aplausos y vítores les dan fuerza, y Miguel toca con más confianza.

Después de la última canción, la audiencia aplaude y ovaciona. Miguel siente un torrente de alivio y alegría. A pesar de los nervios iniciales, su primer concierto ha sido un gran éxito.

SUMMARY IN ENGLISH:

In this story, Miguel, a talented young man who loves playing the guitar, has his first live music concert. For weeks, Miguel and his band have been rehearsing tirelessly, polishing their songs, working on their timing, and practicing every chord until it sounds perfect. On the day of the concert, Miguel is nervous but excited. The audience starts to fill the venue, and Miguel's friends and family are there to support him. As the music starts and Miguel plays the first notes of his guitar, his nerves begin to fade. They play one song after another, their music filling the air and taking the audience on an emotional journey. The applause and cheers strengthen them, and Miguel plays more confidently. After the last song, the audience applauds and cheers. Despite his initial nerves, Miguel's first concert has been a great success.

SUMMARY IN SPANISH:

En esta historia, Miguel, un joven talentoso que ama tocar la guitarra, tiene su primer concierto de música en vivo. Durante semanas, Miguel y su banda han estado ensayando incansablemente, puliendo sus canciones, trabajando en su sincronización, y practicando cada acorde hasta que suena perfecto. El día del concierto, Miguel está nervioso pero emocionado. El público comienza a llenar el recinto, y los amigos y familiares de Miguel están allí para apoyarlo. Cuando comienza la música y Miguel toca las primeras notas de su guitarra, sus nervios comienzan a desvanecerse. Tocan una canción tras otra, su música llena el aire y lleva al público en un viaje emocional. Los aplausos y vítores les dan fuerzas, y Miguel toca con más confianza. Después de la última canción, el público aplaude y ovaciona. A pesar de sus nervios iniciales, el primer concierto de Miguel ha sido un gran éxito.

CHAPTER 21

ELENA Y EL JARDÍN SECRETO (ELENA AND THE SECRET GARDEN)

KEY WORDS: Jardín (garden), secreto (secret), abuela (grandmother), casa (house), verano (summer), flores (flowers), árboles (trees), descubrir (discover), mariposas (butterflies), pájaros (birds), paz (peace), leer (read), naturaleza (nature), libro (book), misterio (mystery)

STORY:

Elena está visitando a su abuela en el campo durante el verano. La casa de su abuela tiene un gran jardín, lleno de flores y árboles. Pero la abuela de Elena le cuenta sobre un jardín secreto que nunca ha visto.

Elena decide buscar el jardín secreto. Se pasa los días explorando, buscando pistas y descifrando el misterio. Finalmente, después de mucho buscar, descubre un camino escondido detrás de un gran árbol.

El camino la lleva a un hermoso jardín secreto, lleno de flores coloridas, mariposas danzando y pájaros cantando. Elena se siente en paz en este lugar. Decide que este será su lugar secreto para leer sus libros favoritos.

Cada día, Elena visita el jardín secreto, disfruta de la naturaleza y lee sus libros. Se siente conectada con la naturaleza y con su abuela. El jardín secreto se convierte en su lugar especial de tranquilidad y felicidad.

SUMMARY IN ENGLISH:

In this story, Elena is visiting her grandmother in the countryside during the summer. Her grandmother's house has a large garden, full of flowers and trees. But Elena's grandmother tells her about a secret garden that she has never seen before. Elena decides to look for the secret garden. She spends her days exploring, looking for clues, and solving the mystery. Finally, after much searching, she discovers a hidden path behind a large tree. The path leads her to a beautiful secret garden, full of colorful flowers, dancing butterflies, and singing birds. Elena feels at peace in this place. She decides that this will be her secret place to read her favorite books. Each day, Elena visits the secret garden, enjoys nature, and reads her books. She feels connected to nature and to her grandmother. The secret garden becomes her special place of tranquility and happiness.

SUMMARY IN SPANISH:

En esta historia, Elena está visitando a su abuela en el campo durante el verano. La casa de su abuela tiene un gran jardín, lleno de flores y árboles. Pero la abuela de Elena le cuenta sobre un jardín secreto que ella nunca ha visto. Elena decide buscar el jardín secreto. Se pasa los días explorando, buscando pistas y resolviendo el misterio. Finalmente, después de mucho buscar, descubre un camino escondido detrás de un gran árbol. El camino la lleva a un hermoso jardín secreto, lleno de flores coloridas, mariposas danzantes y pájaros cantando. Elena se siente en paz en este lugar. Decide que este será su lugar secreto para leer sus libros favoritos. Cada día, Elena visita el jardín secreto, disfruta de la naturaleza y lee sus libros. Se siente conectada con la naturaleza y con su abuela. El jardín secreto se convierte en su lugar especial de tranquilidad y felicidad.

CHAPTER 22

MANUEL Y LA CARRERA DE BICICLETAS (MANUEL AND THE BICYCLE RACE)

KEY WORDS: Bicicleta (bicycle), carrera (race), competencia (competition), amigo (friend), entrenar (train), desafío (challenge), rápido (fast), ganar (win), perder (lose), esfuerzo (effort), ayuda (help), paseo (ride), premio (prize), perseverancia (perseverance)

STORY:

Manuel ama andar en bicicleta. Cada día después de la escuela, da un paseo por su vecindario. Cuando su mejor amigo, José, le dice sobre una carrera de bicicletas en su ciudad, Manuel decide entrar.

Durante semanas, Manuel entrena para la carrera. A veces, es difícil y está cansado, pero no se rinde. José le ayuda a entrenar, y juntos practican cada día.

Finalmente, llega el día de la carrera. Manuel está nervioso, pero también emocionado. Ve a otros competidores y sabe que la carrera será un desafío.

Cuando comienza la carrera, Manuel pedalea tan rápido como puede. Hay momentos en los que piensa que no puede seguir, pero se acuerda de todo su entrenamiento y perseverancia y sigue adelante.

Aunque no gana la carrera, Manuel está feliz. Hizo su mejor esfuerzo y terminó la carrera. Está orgulloso de sí mismo y promete seguir entrenando para la próxima carrera. Su amigo José lo felicita y ambos deciden celebrar con un paseo en bicicleta por su vecindario.

SUMMARY IN ENGLISH:

In this story, Manuel loves to ride his bicycle. Each day after school, he takes a ride around his neighborhood. When his best friend, José, tells him about a bicycle race in their town, Manuel decides to enter. For weeks, Manuel trains for the race. Sometimes it's hard, and he's tired, but he doesn't give up. José helps him train, and together they practice each day. Finally, the day of the race comes. Manuel is nervous but also excited. He sees the other competitors and knows the race will be a challenge. When the race starts, Manuel pedals as fast as he can. There are moments when he thinks he can't keep going, but he remembers all his training and perseverance and keeps going. Even though he doesn't win the race, Manuel is happy. He did his best and finished the race. He's proud of himself and promises to keep training for the next race. His friend José congratulates him and they both decide to celebrate with a bicycle ride around their neighborhood.

SUMMARY IN SPANISH:

En esta historia, Manuel ama andar en bicicleta. Cada día después de la escuela, da un paseo por su vecindario. Cuando su mejor amigo, José, le dice sobre una carrera de bicicletas en su ciudad, Manuel decide entrar. Durante semanas, Manuel entrena para la carrera. A veces, es difícil y está cansado, pero no se rinde. José le ayuda a entrenar, y juntos practican cada día. Finalmente, llega el día de la carrera. Manuel está nervioso, pero también emocionado. Ve a otros competidores y sabe que la carrera será un desafío. Cuando comienza la carrera, Manuel pedalea tan rápido como puede. Hay momentos en los que piensa que no puede seguir, pero se acuerda de todo su entrenamiento y perseverancia y sigue adelante. Aunque no gana la carrera, Manuel está feliz. Hizo su mejor esfuerzo y terminó la carrera. Está orgulloso de sí mismo y promete seguir entrenando para la próxima carrera. Su amigo José lo felicita y ambos deciden celebrar con un paseo en bicicleta por su vecindario.

CHAPTER 23

LUIS Y EL CONCIERTO DE LA ESCUELA (LUIS AND THE SCHOOL CONCERT)

KEY WORDS: Escuela (school), concierto (concert), música (music), instrumento (instrument), trompeta (trumpet), nervioso (nervous), practicar (practice), amigos (friends), maestro (teacher), familia (family), aplausos (applause), orgullo (pride), esfuerzo (effort), superar (overcome), ensayo (rehearsal)

STORY:

Luis es un estudiante en la escuela primaria. Le encanta la música y juega la trompeta en la banda de la escuela. Pronto, la escuela tendrá un concierto y Luis está nervioso.

Cada día después de la escuela, Luis practica su trompeta. A veces, se queda hasta tarde en la sala de música con su maestro, aprendiendo nuevas canciones y mejorando su técnica.

A pesar de los nervios, Luis está emocionado por el concierto. Sus amigos y su familia vendrán a verlo tocar. Quiere hacer lo mejor que pueda.

El día del concierto, Luis se viste con su uniforme de banda y se prepara para tocar. Puede ver a su familia en el público, y eso le da confianza.

Cuando es su turno, Luis toca su trompeta con todo su corazón. Al principio, está nervioso, pero luego se siente más cómodo. La música llena la sala, y Luis se siente orgulloso de su esfuerzo.

Al final del concierto, todos aplauden. Luis se siente feliz. A pesar de su nerviosismo, ha hecho un gran trabajo. Sabe que ha superado su miedo y ha aprendido mucho en el proceso.

SUMMARY IN ENGLISH:

In this story, Luis is a student at an elementary school. He loves music and plays the trumpet in the school band. Soon, the school will have a concert, and Luis is nervous. Every day after school, Luis practices his trumpet. Sometimes, he stays late in the music room with his teacher, learning new songs and improving his technique. Despite his nerves, Luis is excited about the concert. His friends and family will come to watch him play. He wants to do the best he can. On the day of the concert, Luis dresses in his band uniform and prepares to play. He can see his family in the audience, and that gives him confidence. When it's his turn, Luis plays his trumpet with all his heart. At first, he is nervous, but then he becomes more comfortable. The music fills the room, and Luis feels proud of his effort. At the end of the concert, everyone applauds. Luis feels happy. Despite his nervousness, he has done a great job. He knows that he has overcome his fear and learned a lot in the process.

SUMMARY IN SPANISH:

En esta historia, Luis es un estudiante en la escuela primaria. Le encanta la música y toca la trompeta en la banda de la escuela. Pronto, la escuela tendrá un concierto y Luis está nervioso. Cada día después de la escuela, Luis practica su trompeta. A veces, se queda hasta tarde en la sala de música con su maestro, aprendiendo nuevas canciones y mejorando su técnica. A pesar de su nerviosismo, Luis está emocionado por el concierto. Sus amigos y su familia vendrán a verlo tocar. Quiere hacer lo mejor que pueda. El día del concierto, Luis se viste con su uniforme de banda y se prepara para tocar. Puede ver a su familia en el público, y eso le da confianza. Cuando es su turno, Luis toca su trompeta con todo su corazón. Al principio, está nervioso, pero luego se siente más cómodo. La música llena la sala, y Luis se siente orgulloso de su esfuerzo. Al final del concierto, todos aplauden. Luis se siente feliz. A pesar de su nerviosismo, ha hecho un gran trabajo. Sabe que ha superado su miedo y ha aprendido mucho en el proceso.

CHAPTER 24

MARTÍN Y EL GRAN CONCURSO DE DIBUJO (MARTIN AND THE GREAT DRAWING CONTEST)

KEY WORDS: Concurso (contest), dibujo (drawing), lápices (pencils), papel (paper), creatividad (creativity), nervios (nervous), premio (prize), ganador (winner), orgullo (pride), felicitaciones (congratulations), talento (talent), inspiración (inspiration), paisaje (landscape),

STORY:

En la escuela de Martín, el profesor de arte anuncia un gran concurso de dibujo. Este concurso es muy especial ya que el dibujo ganador se expondrá en el hall principal de la escuela. Martín siempre ha amado dibujar y siente una oleada de emoción. Decide que este es el momento perfecto para mostrar su talento.

Durante toda la semana, Martín se prepara con gran dedicación. Utiliza sus mejores lápices de colores, marcadores y su creatividad para crear un dibujo increíble. Elige dibujar un paisaje que siempre le ha parecido hermoso, una vista del parque donde juega con sus amigos.

Cada noche, después de terminar la tarea y cenar con su familia, se sienta en su escritorio a dibujar. Su mamá le trae tazas de chocolate caliente mientras su hermano menor lo mira con admiración.

Finalmente, llega el día del concurso. Martín siente mariposas en el estómago pero también está emocionado. Se pone su camiseta favorita y va a la escuela con su dibujo cuidadosamente envuelto en papel de seda. Entrega su dibujo en la oficina del profesor y luego se dirige a su clase.

La escuela parece vibrar con anticipación y nervios mientras todos esperan el anuncio de los resultados. Finalmente, después de lo que parece una eternidad, el profesor de arte sube al escenario durante el ensamble matutino.

El profesor anuncia, "El ganador del concurso de dibujo es... ¡Martín!" Martín no puede creer lo que escucha. Sus amigos aplauden, algunos incluso de pie. Se siente un calor de orgullo mientras sube al escenario para recibir su premio, un conjunto de arte profesional.

Al final del día, Martín regresa a casa con su premio. Su familia lo celebra con una cena especial y su hermano menor no deja de hablar de lo orgulloso que está de él. Martín se siente muy agradecido y emocionado. Ahora, todos en la escuela saben de su talento para dibujar.

SUMMARY IN ENGLISH:

In this story, Martin's school art teacher announces a big drawing contest. This contest is special because the winning drawing will be displayed in the main hall of the school. Martin, who loves drawing, feels a surge of excitement. He decides this is the perfect time to showcase his talent. Throughout the week, Martin prepares with great dedication. He uses his best colored pencils, markers, and his creativity to create an amazing drawing. He chooses to draw a beautiful landscape of the park where he plays with his friends. Every night, after finishing homework and eating dinner with his family, he sits at his desk to draw. His mother brings him cups of hot chocolate while his little brother watches in admiration. Finally, the day of the contest arrives. Martin feels butterflies in his stomach but is also excited. He wears his favorite shirt and goes to school with his drawing carefully wrapped in tissue paper. He hands in his drawing at the teacher's office and then heads to his class. The school seems to vibrate with anticipation and nerves as everyone waits for the announcement of the results. Finally, after what feels like an eternity, the art teacher goes up on stage during the morning assembly. The teacher announces, "The winner of the drawing contest is... Martin!" Martin can't believe what he hears. His friends cheer, some even standing. He feels a warmth of pride as he goes up on stage to receive his prize, a professional art set. At the end of the day, Martin goes home with his prize. His family celebrates him with a special dinner and his little brother won't stop talking about how proud he is of him. Martin feels very grateful and excited. Now, everyone in the school knows about his talent for drawing.

SUMMARY IN SPANISH:

En esta historia, el profesor de arte de la escuela de Martín anuncia un gran concurso de dibujo. Este concurso es especial porque el dibujo ganador se exhibirá en el hall principal de la escuela. Martín, que ama dibujar, siente una oleada de emoción. Decide que este es el momento perfecto para mostrar su talento. Durante toda la semana, Martín se prepara con gran dedicación. Utiliza sus mejores lápices de colores, marcadores y su creatividad para crear un dibujo asombro

CHAPTER 25

EL VIAJE DE RAÚL AL ACUARIO (RAUL'S TRIP TO THE AQUARIUM)

KEY WORDS: Viaje (trip), acuario (aquarium), peces (fish), medusas (jellyfish), pingüinos (penguins), entrada (ticket), aprender (learn), emocionado (excited), autobús (bus), exótico (exotic), miedo (fear), valiente (brave), fotografía (photograph), recuerdo (memory)

STORY:

Raúl y su familia deciden ir de viaje al acuario de la ciudad. Raúl está muy emocionado porque siempre ha amado los animales marinos, especialmente los peces exóticos y las coloridas medusas.

Después de un corto viaje en autobús, llegan al acuario. Raúl puede ver a través de las grandes ventanas a los niños y a sus familias que caminan alrededor de los enormes tanques llenos de vida marina. Paga la entrada con el dinero que ahorró de su mesada y entra con su familia.

La vista dentro del acuario es mágica. Los peces de colores nadan en grupos mientras las medusas flotan graciosamente en su tanque especial. Raúl también ve los pingüinos deslizándose por su habitat y el show de delfines. Con cada paso, aprende algo nuevo sobre la vida marina.

Algo que llama la atención de Raúl es el túnel del tiburón. Siente un poco de miedo, pero decide ser valiente y caminar a través del túnel. Los tiburones nadan sobre él y alrededor, y aunque es un poco aterrador, también es fascinante.

Raúl se toma fotografías con su familia delante de su exhibición favorita, el tanque de medusas iluminado. Cuando se va del acuario, lleva consigo un recuerdo en forma de una fotografía y la emoción de haber aprendido tanto sobre los animales marinos.

SUMMARY IN ENGLISH:

In this story, Raul and his family decide to take a trip to the city's aquarium. Raul is very excited because he has always loved marine animals, especially exotic fish and colorful jellyfish. After a short bus ride, they arrive at the aquarium. Raul can see through the large windows children and their families walking around the massive tanks filled with marine life. He pays the entrance fee with the money he saved from his allowance and enters with his family. The sight inside the aquarium is magical. Colorful fish swim in schools while jellyfish gracefully float in their special tank. Raul also sees penguins sliding around their habitat and a dolphin show. With every step, he learns something new about marine life. Something that catches Raul's attention is the shark tunnel. He feels a little scared but decides to be brave and walk through the tunnel. Sharks swim above and around him, and although it's a bit terrifying, it's also fascinating. Raul takes photos with his family in front of his favorite exhibit, the illuminated jellyfish tank. When he leaves the aquarium, he takes with him a memory in the form of a photograph and the thrill of having learned so much about marine animals.

SUMMARY IN SPANISH:

En esta historia, Raúl y su familia deciden hacer un viaje al acuario de la ciudad. Raúl está muy emocionado porque siempre ha amado los animales marinos, especialmente los peces exóticos y las medusas coloridas. Después de un corto viaje en autobús, llegan al acuario. Raúl puede ver a través de las grandes ventanas a los niños y sus familias que caminan alrededor de los enormes tanques llenos de vida marina. Paga la entrada con el dinero que ahorró de su mesada y entra con su familia. La vista dentro del acuario es mágica. Los peces de colores nadan en grupos mientras las medusas flotan graciosamente en su tanque especial. Raúl también ve a los pingüinos deslizándose por su hábitat y un show de delfines. Con cada paso, aprende algo nuevo sobre la vida marina. Algo que llama la atención de Raúl es el túnel del tiburón. Siente un poco de miedo, pero decide ser valiente y caminar por el túnel. Los tiburones nadan sobre él y alrededor, y aunque es un poco aterrador, también es fascinante. Raúl se toma fotografías con su familia delante de su exhibición favorita, el tanque de medusas iluminado. Cuando se va del acuario, se lleva consigo un recuerdo en forma de una fotografía y la emoción de haber aprendido tanto sobre los animales marinos.

CHAPTER 26

ISABELLA Y SU NUEVO VECINO (ISABELLA AND HER NEW NEIGHBOR)

KEY WORDS: vecino (neighbor), nueva (new), amistad (friendship), ayuda (help), mudanza (moving), cajas (boxes), amable (kind), parque (park), jugar (play), helado (ice cream), compartir (share), risas (laughs), bondad (kindness)

STORY:

Isabella es una niña alegre que vive en una tranquila calle. Un día, ve un camión de mudanzas frente a la casa de al lado. Se siente emocionada y curiosa. ¿Quién será su nuevo vecino?

Mientras mira desde su ventana, ve a un niño de su edad bajando de la camioneta con una caja en sus manos. Isabella decide que quiere hacer amistad con su nuevo vecino.

Isabella le pide a su madre si puede llevar una caja de galletas para dar la bienvenida a la nueva familia. Con la aprobación de su madre, camina hacia la casa de al lado. Isabella se presenta y le da la caja de galletas al niño, que se llama Diego.

Diego se ve un poco triste y agobiado con la mudanza, pero la amabilidad de Isabella le hace sonreír. Diego agradece a Isabella y le invita a entrar. Pasan la tarde juntos, ayudando a desempacar las cajas y colocando sus juguetes en su nueva habitación.

Después de un largo día, Isabella invita a Diego a jugar en el parque cerca de su casa. Juegan en los columpios y se ríen mientras comen helado que Isabella comparte con Diego. Diego se siente agradecido y feliz por haber encontrado una nueva amiga en Isabella.

A partir de ese día, Isabella y Diego se convierten en grandes amigos. Siempre se ayudan el uno al otro y disfrutan jugando juntos. La bondad de Isabella ayudó a Diego a sentirse bienvenido en su nuevo hogar.

SUMMARY IN ENGLISH:

In this story, Isabella is a cheerful girl who lives on a quiet street. One day, she sees a moving truck in front of the house next door. She feels excited and curious. Who will be her new neighbor? Watching from her window, she sees a boy her age getting out of the van with a box in his hands. Isabella decides that she wants to befriend her new neighbor. Isabella asks her mother if she can take a box of cookies to welcome the new family. With her mother's approval, she walks to the house next door. Isabella introduces herself and gives the box of cookies to the boy, whose name is Diego. Diego looks a bit sad and overwhelmed with the move, but Isabella's kindness makes him smile. Diego thanks Isabella and invites her in. They spend the afternoon together, helping to unpack boxes and setting up his toys in his new room. After a long day, Isabella invites Diego to play in the park near their house. They play on the swings and laugh while eating ice cream that Isabella shares with Diego. Diego feels grateful and happy to have found a new friend in Isabella. From that day on, Isabella and Diego become great friends. They always help each other and enjoy playing together. Isabella's kindness helped Diego feel welcome in his new home.

SUMMARY IN SPANISH:

En esta historia, Isabella es una niña alegre que vive en una calle tranquila. Un día, ve un camión de mudanzas frente a la casa de al lado. Se siente emocionada y curiosa. ¿Quién será su nuevo vecino? Mirando desde su ventana, ve a un niño de su edad bajando de la camioneta con una caja en sus manos. Isabella decide que quiere hacer amistad con su nuevo vecino. Isabella le pide a su madre si puede llevar una caja de galletas para dar la bienvenida a la nueva familia. Con la aprobación de su madre, camina hasta la casa de al lado. Isabella se presenta y le da la caja de galletas al niño, cuyo nombre es Diego. Diego se ve un poco triste y agobiado con la mudanza, pero la amabilidad de Isabella le hace sonreír. Diego agradece a Isabella y la invita a entrar. Pasan la tarde juntos, ayudando a desempaquetar las cajas y colocando sus juguetes en su nueva habitación. Después de un largo día, Isabella invita a Diego a jugar en el parque cerca de su casa. Juegan en los columpios y se ríen mientras comen helado que Isabella comparte con Diego. Diego se siente agradecido y feliz por haber encontrado una nueva amiga en Isabella. A partir de ese día, Isabella y Diego se convierten en grandes amigos. Siempre se ayudan el uno al otro y disfrutan jugando juntos. La bondad de Isabella ayudó a Diego a sentirse bienvenido en su nuevo hogar.

CHAPTER 27

EDUARDO Y EL MISTERIO DEL ÁRBOL (EDUARDO AND THE MYSTERY OF THE TREE)

KEY WORDS: árbol (tree), misterio (mystery), hojas (leaves), otoño (autumn), naturaleza (nature), explorar (explore), diario (journal), dibujo (drawing), descubrimiento (discovery), sombras (shadows), crepúsculo (twilight), colores (colors), calabaza (pumpkin), granja (farm), festivo (holiday)

STORY:

Eduardo es un niño curioso que ama la naturaleza. En su jardín, hay un viejo árbol que siempre ha despertado su interés. Cada otoño, sus hojas cambian de color y caen al suelo, creando un tapiz de rojos, naranjas y amarillos.

Un día, Eduardo decide explorar este misterio de la naturaleza. Toma su diario de dibujo y se sienta debajo del árbol, estudiando las hojas y los patrones que crean en el suelo.

Mientras dibuja, nota una sombra que se mueve detrás del árbol. Es casi el crepúsculo y las sombras se alargan, pero esta sombra parece diferente. Eduardo siente un escalofrío de emoción. ¿Podría ser un animal o quizás algo más misterioso?

Decide seguir a la sombra, que le lleva a través del jardín y hacia la granja vecina. Allí, descubre un campo lleno de calabazas, listas para ser recogidas para las festividades de otoño. La sombra resulta ser de un conejo que ha hecho su hogar en la granja.

Eduardo vuelve a su casa emocionado por su descubrimiento. Aunque al principio parecía un misterio, resultó ser una parte hermosa y natural de la vida en otoño. Eduardo continúa explorando y aprendiendo más sobre la naturaleza a su alrededor, siempre con la maravilla y la curiosidad en su corazón.

SUMMARY IN ENGLISH:

In this story, Eduardo is a curious boy who loves nature. In his garden, there's an old tree that has always piqued his interest. Every autumn, its leaves change color and fall to the ground, creating a tapestry of reds, oranges, and yellows. One day, Eduardo decides to explore this mystery of nature. He takes his drawing journal and sits beneath the tree, studying the leaves and the patterns they create on the ground. While drawing, he notices a shadow moving behind the tree. It's almost twilight and the shadows are getting longer, but this shadow seems different. Eduardo feels a thrill of excitement. Could it be an animal or perhaps something more mysterious? He decides to follow the shadow, which leads him across the garden and towards the neighboring farm. There, he discovers a field full of pumpkins, ready to be picked for the autumn festivities. The shadow turns out to be a rabbit that has made its home on the farm. Eduardo returns home excited about his discovery. Although it first seemed like a mystery, it turned out to be a beautiful and natural part of life in autumn. Eduardo continues to explore and learn more about nature around him, always with wonder and curiosity in his heart.

SUMMARY IN SPANISH:

En esta historia, Eduardo es un niño curioso que ama la naturaleza. En su jardín, hay un viejo árbol que siempre ha despertado su interés. Cada otoño, sus hojas cambian de color y caen al suelo, creando un tapiz de rojos, naranjas y amarillos. Un día, Eduardo decide explorar este misterio de la naturaleza. Toma su diario de dibujo y se sienta debajo del árbol, estudiando las hojas y los patrones que crean en el suelo. Mientras dibuja, nota una sombra que se mueve detrás del árbol. Es casi el crepúsculo y las sombras se alargan, pero esta sombra parece diferente. Eduardo siente un escalofrío de emoción. ¿Podría ser un animal o quizás algo más misterioso? Decide seguir a la sombra, que le lleva a través del jardín y hacia la granja vecina. Allí, descubre un campo lleno de calabazas, listas para ser recogidas para las festividades de otoño. La sombra resulta ser de un conejo que ha hecho su hogar en la granja. Eduardo vuelve a su casa emocionado por su descubrimiento. Aunque al principio parecía un misterio, resultó ser una parte hermosa y natural de la vida en otoño. Eduardo continúa explorando y aprendiendo más sobre la naturaleza a su alrededor, siempre con la maravilla y la curiosidad en su corazón.

CHAPTER 28

LA VISITA AL ZOO DE MARTÍN (MARTÍN'S VISIT TO THE ZOO)

KEY WORDS: Zoo (zoo), visita (visit), animales (animals), leones (lions), jirafas (giraffes), tortugas (turtles), flamencos (flamingos), dibujar (draw), admirar (admire), aprender (learn), recuerdo (souvenir), entrada (entry ticket), amazement (asombro), fotografías (photographs)

STORY:

Martín siempre ha amado a los animales. Su cumpleaños está a la vuelta de la esquina y sus padres deciden llevarle a un gran zoo de la ciudad como sorpresa. Martín está emocionado.

El día del viaje, Martín se despierta temprano. No puede contener su emoción. Al llegar al zoo, la entrada está llena de coloridos carteles de todos los animales que hay dentro. Martín no puede esperar para verlos.

Primero, van al área de los leones. Martín admira su melena y su fuerza. Luego, visitan a las jirafas y Martín se asombra de cuán altas son. Se ríe al ver las tortugas moviéndose lentamente. Los flamencos rosados son los favoritos de Martín. Le encanta cómo se paran en una pata.

Además de ver a los animales, Martín lleva su cuaderno y lápices de colores para dibujarlos. Dibuja a cada animal que ve, creando su propio recuerdo de la visita. Sus padres le toman fotografías a él y a sus dibujos.

Martín aprende mucho en su visita al zoo. Descubre datos interesantes sobre cada animal que no sabía antes. La entrada del zoo se convierte en un recuerdo valioso para él.

Cuando regresan a casa, Martín no puede dejar de hablar de su increíble día en el zoo. Se siente agradecido por su regalo de cumpleaños. Promete cuidar de los animales cuando sea mayor, al igual que lo hacen en el zoo.

SUMMARY IN ENGLISH:

In this story, Martín has always loved animals. His birthday is just around the corner, and his parents decide to take him to a big city zoo as a surprise. Martín is excited. On the day of the trip, Martín wakes up early. He can't contain his excitement. Upon arriving at the zoo, the entrance is filled with colorful posters of all the animals inside. Martín can't wait to see them. They first visit the lion's area where Martín admires their mane and strength. Then, they visit the giraffes, and Martín is amazed at how tall they are. He laughs at the slowly moving turtles. The pink flamingos are Martín's favorite. He loves how they stand on one leg. Besides seeing the animals, Martín brings his notebook and colored pencils to draw them. He draws each animal he sees, creating his own memory of the visit. His parents take photographs of him and his drawings. Martín learns a lot on his visit to the zoo. He discovers interesting facts about each animal he didn't know before. The zoo entry ticket becomes a precious memory for him. When they return home, Martín can't stop talking about his amazing day at the zoo. He is thankful for his birthday gift. He promises to take care of animals when he grows up, just like they do at the zoo.

SUMMARY IN SPANISH:

En esta historia, Martín siempre ha amado a los animales. Su cumpleaños está a la vuelta de la esquina y sus padres deciden llevarle a un gran zoo de la ciudad como sorpresa. Martín está emocionado. El día del viaje, Martín se despierta temprano. No puede contener su emoción. Al llegar al zoo, la entrada está llena de coloridos carteles de todos los animales que hay dentro. Martín no puede esperar para verlos. Primero, van al área de los leones donde Martín admira su melena y su fuerza. Luego, visitan a las jirafas y Martín se asombra de cuán altas son. Se ríe al ver las tortugas moviéndose lentamente. Los flamencos rosados son los favoritos de Martín. Le encanta cómo se paran en una pata. Además de ver a los animales, Martín lleva su cuaderno y lápices de colores para dibujarlos. Dibuja a cada animal que ve, creando su propio recuerdo de la visita. Sus padres le toman fotografías a él y a sus dibujos. Martín aprende mucho en su visita al zoo. Descubre datos interesantes sobre cada animal que no sabía antes. La entrada del zoo se convierte en un recuerdo valioso para él. Cuando regresan a casa, Martín no puede dejar de hablar de su increíble día en el zoo. Se siente agradecido por su regalo de cumpleaños. Promete cuidar de los animales cuando sea mayor, al igual que lo hacen en el zoo.

CHAPTER 29

EL CONCURSO DE PINTURA DE DIEGO (DIEGO'S PAINTING COMPETITION)

KEY WORDS: Concurso (competition), pintura (painting), pincel (brush), colores (colors), lienzo (canvas), tema (theme), paisaje (landscape), juez (judge), premio (prize), nervios (nervousness), alegría (joy), celebración (celebration), talento (talent)

STORY:

Diego es un joven apasionado por la pintura. Su habilidad para mezclar colores y traer a la vida cualquier imagen en su lienzo es asombrosa. Un día, escucha acerca de un concurso de pintura en su ciudad y decide participar.

El tema del concurso es "La belleza de la naturaleza". Diego piensa en los paisajes que ha visto durante sus viajes con su familia. Recuerda un lago tranquilo rodeado de altos árboles y montañas en el horizonte. Decide que ese será el paisaje que pintará.

Con su pincel en mano, Diego comienza a dar forma a su visión en el lienzo. La hierba verde, el cielo azul, el lago tranquilo, y las montañas lejanas, todo viene a la vida bajo su hábil mano.

Finalmente, el día del concurso llega. Diego está nervioso, pero también emocionado. Hay tantos talentosos artistas participando, y todos sus trabajos son impresionantes. Sin embargo, cuando el juez ve el trabajo de Diego, se queda sin palabras. La pintura de Diego captura la belleza de la naturaleza de manera impresionante.

Al final, Diego gana el concurso. Se siente orgulloso de su logro y celebra con su familia y amigos. Este concurso ha reafirmado su pasión por la pintura y está emocionado por participar en más concursos en el futuro.

SUMMARY IN ENGLISH:

In this story, Diego is a young man passionate about painting. His ability to mix colors and bring any image to life on his canvas is amazing. One day, he hears about a painting competition in his city and decides to participate. The theme of the competition is "The beauty of nature". Diego thinks about the landscapes he has seen during his travels with his family. He remembers a calm lake surrounded by tall trees and mountains on the horizon. He decides that this will be the landscape he will paint. With his brush in hand, Diego begins to shape his vision on the canvas. The green grass, the blue sky, the calm lake, and the distant mountains all come to life under his skilled hand. Finally, the day of the competition arrives. Diego is nervous but also excited. There are so many talented artists participating, and all their works are impressive. However, when the judge sees Diego's work, he is speechless. Diego's painting captures the beauty of nature impressively. In the end, Diego wins the competition. He is proud of his achievement and celebrates with his family and friends. This competition has reaffirmed his passion for painting and he is excited to participate in more competitions in the future.

SUMMARY IN SPANISH:

En esta historia, Diego es un joven apasionado por la pintura. Su
habilidad para mezclar colores y dar vida a cualquier imagen en su
lienzo es asombrosa. Un día, escucha acerca de un concurso de
pintura en su ciudad y decide participar. El tema del concurso es "La
belleza de la naturaleza". Diego piensa en los paisajes que ha visto
durante sus viajes con su familia. Recuerda un lago tranquilo rodeado
de altos árboles y montañas en el horizonte. Decide que ese será el
paisaje que pintará. Con su pincel en mano, Diego comienza a dar
forma a su visión en el lienzo. La hierba verde, el cielo azul, el lago
tranquilo, y las montañas lejanas, todo viene a la vida bajo su hábil
mano. Finalmente, el día del concurso llega. Diego está nervioso, pero
también emocionado. Hay muchos artistas talentosos participando, y
todos sus trabajos son impresionantes. Sin embargo, cuando el juez ve
el trabajo de Diego, se queda sin palabras. La pintura de Diego
captura de manera impresionante la belleza de la naturaleza. Al final,
Diego gana el concurso. Se siente orgulloso de su logro y celebra con
su familia y amigos. Este concurso ha reafirmado su pasión por la
pintura y está emocionado por participar en más concursos en el
futuro.

CHAPTER 30

LA BODA DE MARTA Y JORGE (MARTA AND JORGE'S WEDDING)

KEY WORDS: Boda (wedding), vestido (dress), iglesia (church), novia (bride), novio (groom), flores (flowers), música (music), invitados (guests), anillos (rings), amor (love), promesa (promise), celebración (celebration), felicidad (happiness)

STORY:

Marta y Jorge se van a casar hoy. Es un día muy especial para ellos. La iglesia está decorada con hermosas flores de muchos colores. Los invitados están sentados, esperando a los novios.

Marta, la novia, se ve hermosa en su vestido de novia blanco. Jorge, el novio, luce elegante en su traje negro. La música comienza a sonar, y todos se ponen de pie. Marta camina hacia el altar con una gran sonrisa.

Durante la ceremonia, Marta y Jorge se miran a los ojos y hacen promesas de amor y fidelidad. Intercambian anillos, un símbolo de su unión eterna. Los invitados aplauden cuando el sacerdote anuncia que ahora son marido y mujer.

Después de la ceremonia, hay una gran celebración. Hay música, baile, y mucha comida deliciosa. Todos están felices y celebran el amor de Marta y Jorge.

Marta y Jorge están muy felices. Saben que este es solo el comienzo de su hermosa vida juntos.

SUMMARY IN ENGLISH:

Marta and Jorge are getting married today. It's a very special day for them. The church is decorated with beautiful flowers of many colors. The guests are seated, waiting for the bride and groom.

Marta, the bride, looks beautiful in her white wedding dress. Jorge, the groom, looks elegant in his black suit. The music begins to play, and everyone stands up. Marta walks down the aisle with a big smile.

During the ceremony, Marta and Jorge look into each other's eyes and make promises of love and faithfulness. They exchange rings, a symbol of their eternal union. The guests applaud when the priest announces that they are now husband and wife.

After the ceremony, there is a big celebration. There is music, dancing, and lots of delicious food. Everyone is happy and celebrates Marta and Jorge's love.

Marta and Jorge are very happy. They know that this is just the beginning of their beautiful life together.

SUMMARY IN SPANISH:

Marta y Jorge se casan hoy. Es un día muy especial para ellos. La iglesia está decorada con hermosas flores de muchos colores. Los invitados están sentados, esperando a los novios.

Marta, la novia, luce hermosa en su vestido de novia blanco. Jorge, el novio, se ve elegante en su traje negro. La música comienza a sonar, y todos se ponen de pie. Marta camina hacia el altar con una gran sonrisa.

Durante la ceremonia, Marta y Jorge se miran a los ojos y hacen promesas de amor y fidelidad. Intercambian anillos, un símbolo de su unión eterna. Los invitados aplauden cuando el sacerdote anuncia que ahora son marido y mujer.

Después de la ceremonia, hay una gran celebración. Hay música, baile, y mucha comida deliciosa. Todos están felices y celebran el amor de Marta y Jorge.

Marta y Jorge están muy felices. Saben que este es solo el comienzo de su hermosa vida juntos.

CHAPTER 31

EL DÍA LLUVIOSO DE JULIA (JULIA'S RAINY DAY)

KEY WORDS: Lluvia (rain), día (day), casa (house), libros (books), taza (cup), té (tea), galletas (cookies), música (music), manta (blanket), ventana (window), felicidad (happiness), tranquilidad (tranquility), aromas (smells), calidez (warmth)

STORY:

Hoy es un día lluvioso en la ciudad donde vive Julia. A ella le encantan estos días. Julia ve cómo las gotas de lluvia golpean suavemente la ventana de su casa. Hay algo en el sonido de la lluvia que la hace sentir tranquila.

Julia decide pasar el día en casa, disfrutando de la lluvia. Primero, prepara una taza de té caliente. El aroma del té se mezcla con el olor de la lluvia fresca, creando una atmósfera de calidez en su casa.

Luego, Julia toma su libro favorito y se acomoda en el sofá con una manta suave. Junto a ella, coloca una pequeña bandeja con galletas caseras. Tiene todo lo que necesita para pasar un día perfecto.

Mientras lee su libro y bebe su té, Julia disfruta del sonido de la lluvia golpeando suavemente contra la ventana. De vez en cuando, mira hacia afuera para ver el mundo bañado en lluvia. Siente una profunda sensación de felicidad y tranquilidad.

Finalmente, cuando la noche cae, Julia se acurruca en su cama, aún con el sonido de la lluvia en el fondo. Se queda dormida escuchando la melódica caída de la lluvia, esperando con alegría el próximo día lluvioso.

SUMMARY IN ENGLISH:

Today is a rainy day in the city where Julia lives. She loves these days. Julia watches as the raindrops gently hit the window of her house. There is something about the sound of the rain that makes her feel calm.

Julia decides to spend the day at home, enjoying the rain. First, she prepares a cup of hot tea. The aroma of the tea mixes with the smell of fresh rain, creating a warm atmosphere in her house.

Then, Julia takes her favorite book and settles down on the couch with a soft blanket. Next to her, she places a small tray with home-made cookies. She has everything she needs to spend a perfect day.

As she reads her book and drinks her tea, Julia enjoys the sound of the rain gently hitting against the window. Every now and then, she looks out to see the world bathed in rain. She feels a deep sense of happiness and tranquility.

Finally, when night falls, Julia snuggles into her bed, still with the sound of the rain in the background. She falls asleep listening to the melodic fall of the rain, joyfully anticipating the next rainy day.

SUMMARY IN SPANISH:

Hoy es un día lluvioso en la ciudad donde vive Julia. A ella le encantan estos días. Julia observa cómo las gotas de lluvia golpean suavemente la ventana de su casa. Hay algo en el sonido de la lluvia que la hace sentir tranquila.

Julia decide pasar el día en casa, disfrutando de la lluvia. Primero, prepara una taza de té caliente. El aroma del té se mezcla con el olor de la lluvia fresca, creando una atmósfera cálida en su casa.

Luego, Julia toma su libro favorito y se acomoda en el sofá con una manta suave. Al lado suyo, coloca una pequeña bandeja con galletas caseras. Tiene todo lo que necesita para pasar un día perfecto.

Mientras lee su libro y bebe su té, Julia disfruta del sonido de la lluvia golpeando suavemente contra la ventana. De vez en cuando, mira hacia afuera para ver el mundo bañado en lluvia. Siente una profunda sensación de felicidad y tranquilidad.

Finalmente, cuando cae la noche, Julia se acurruca en su cama, todavía con el sonido de la lluvia de fondo. Se queda dormida escuchando la caída melódica de la lluvia, esperando con alegría el próximo día lluvioso.

CHAPTER 32

EL DÍA DE RODRIGO EN EL DESIERTO (RODRIGO'S DAY IN THE DESERT)

KEY WORDS: Desierto (desert), arena (sand), calor (heat), cactus (cactus), sol (sun), sombrero (hat), botella (bottle), agua (water), sombra (shadow), explorador (explorer), descubrimiento (discovery), aventura (adventure), noche (night), estrellas (stars)

STORY:

Rodrigo es un aventurero y hoy ha decidido explorar el desierto. Es un lugar lleno de misterio y belleza. A pesar del intenso calor, Rodrigo está emocionado por su viaje.

Por la mañana, el sol brilla intensamente en el cielo. Rodrigo se pone un sombrero grande para protegerse del sol y lleva consigo una botella de agua. La arena del desierto es caliente bajo sus pies, pero él está preparado.

Caminando por el desierto, Rodrigo ve varios cactus. Algunos de ellos son muy grandes y ofrecen un poco de sombra. Rodrigo descansa bajo uno de ellos para evitar el calor del mediodía. Aprovecha para beber algo de agua y disfrutar de la vista.

Por la tarde, sigue su camino. El sol comienza a bajar, y el desierto se llena de colores rojos y naranjas. Es un espectáculo maravilloso. Rodrigo siente que su aventura en el desierto vale la pena solo por esta vista.

Cuando llega la noche, Rodrigo se tumba en la arena y mira al cielo. Nunca había visto tantas estrellas. El desierto es un lugar silencioso y tranquilo por la noche, muy diferente del calor y el bullicio del día.

Rodrigo se queda dormido bajo las estrellas, cansado pero feliz. Ha sido un día lleno de descubrimientos y belleza. Espera con ansias su próxima aventura en el desierto.

SUMMARY IN ENGLISH:

Rodrigo is an adventurer and today he has decided to explore the desert. It's a place full of mystery and beauty. Despite the intense heat, Rodrigo is excited for his journey.

In the morning, the sun shines brightly in the sky. Rodrigo puts on a large hat to protect himself from the sun and carries a bottle of water with him. The desert sand is hot under his feet, but he is prepared.

Walking through the desert, Rodrigo sees several cacti. Some of them are very large and offer a bit of shade. Rodrigo rests under one of them to avoid the heat of midday. He takes the opportunity to drink some water and enjoy the view.

In the afternoon, he continues his journey. The sun starts to go down, and the desert is filled with red and orange colors. It's a wonderful sight. Rodrigo feels that his desert adventure is worth it just for this view.

When night falls, Rodrigo lies down in the sand and looks at the sky. He has never seen so many stars. The desert is a quiet and peaceful place at night, very different from the heat and hustle of the day.

Rodrigo falls asleep under the stars, tired but happy. It's been a day full of discoveries and beauty. He looks forward to his next adventure in the desert.

SUMMARY IN SPANISH:

Rodrigo es un aventurero y hoy ha decidido explorar el desierto. Es un lugar lleno de misterio y belleza. A pesar del intenso calor, Rodrigo está emocionado por su viaje.

Por la mañana, el sol brilla intensamente en el cielo. Rodrigo se pone un sombrero grande para protegerse del sol y lleva consigo una botella de agua. La arena del desierto es caliente bajo sus pies, pero él está preparado.

Caminando por el desierto, Rodrigo ve varios cactus. Algunos de ellos son muy grandes y ofrecen un poco de sombra. Rodrigo descansa bajo uno de ellos para evitar el calor del mediodía. Aprovecha para beber algo de agua y disfrutar de la vista.

Por la tarde, sigue su camino. El sol comienza a bajar, y el desierto se llena de colores rojos y naranjas. Es un espectáculo maravilloso. Rodrigo siente que su aventura en el desierto vale la pena solo por esta vista.

Cuando llega la noche, Rodrigo se tumba en la arena y mira al cielo. Nunca había visto tantas estrellas. El desierto es un lugar silencioso y tranquilo por la noche, muy diferente del calor y el bullicio del día.

Rodrigo se queda dormido bajo las estrellas, cansado pero feliz. Ha sido un día lleno de descubrimientos y belleza. Espera con ansias su próxima aventura en el desierto.

CHAPTER 33

LA HUERTA DE RAFAEL (RAFAEL'S VEGETABLE GARDEN)

KEY WORDS: Huerta (vegetable garden), granjero (farmer), verduras (vegetables), semillas (seeds), sol (sun), agua (water), trabajo (work), cosecha (harvest), orgullo (pride), mercado (market), amigos (friends), satisfacción (satisfaction), cesta (basket), fresco (fresh)

STORY:

Rafael es un granjero que vive en un pequeño pueblo. Tiene una hermosa huerta donde cultiva verduras frescas. Cada mañana, se levanta temprano para cuidar de su huerta.

Comienza su día regando las plantas. El agua refresca la tierra seca y ayuda a las verduras a crecer. Luego, comprueba si hay malas hierbas que deba arrancar. El trabajo es duro, pero a Rafael le gusta.

Después de cuidar su huerta, Rafael se sienta a descansar bajo el sol. Mira su huerta y se siente orgulloso. Cada verdura que crece en su huerta es el resultado de su duro trabajo.

Cuando llega el tiempo de la cosecha, Rafael recolecta las verduras con cuidado. Llena su cesta con tomates rojos, zanahorias naranjas, y calabazas amarillas. Las verduras son frescas y deliciosas.

Rafael lleva sus verduras al mercado local. Sus amigos y vecinos siempre esperan con ansias sus verduras. Son frescas, sabrosas, y cultivadas con amor. Cada vez que alguien compra sus verduras, Rafael siente una gran satisfacción.

Al final del día, Rafael vuelve a casa con su cesta vacía. Está cansado pero feliz. Sabe que ha hecho un buen trabajo y espera con entusiasmo la próxima jornada en su huerta.

SUMMARY IN ENGLISH:

Rafael is a farmer who lives in a small village. He has a beautiful vegetable garden where he grows fresh vegetables. Every morning, he gets up early to take care of his garden.

He starts his day by watering the plants. The water refreshes the dry soil and helps the vegetables grow. Then, he checks for any weeds that he needs to pull out. The work is hard, but Rafael enjoys it.

After taking care of his garden, Rafael sits down to rest under the sun. He looks at his garden and feels proud. Every vegetable that grows in his garden is the result of his hard work.

When it's time to harvest, Rafael carefully picks the vegetables. He fills his basket with red tomatoes, orange carrots, and yellow pumpkins. The vegetables are fresh and delicious.

Rafael takes his vegetables to the local market. His friends and neighbors always look forward to his vegetables. They are fresh, tasty, and grown with love. Every time someone buys his vegetables, Rafael feels great satisfaction.

At the end of the day, Rafael goes home with his empty basket. He's tired but happy. He knows he's done a good job and looks forward to the next day in his garden.

Rafael es un granjero que vive en un pequeño pueblo. Tiene una hermosa huerta donde cultiva verduras frescas. Cada mañana, se levanta temprano para cuidar de su huerta.

Comienza su día regando las plantas. El agua refresca la tierra seca y ayuda a las verduras a crecer. Luego, comprueba si hay malas hierbas que deba arrancar. El trabajo es duro, pero a Rafael le gusta.

Después de cuidar su huerta, Rafael se sienta a descansar bajo el sol. Mira su huerta y se siente orgulloso. Cada verdura que crece en su huerta es el resultado de su duro trabajo.

Cuando llega el tiempo de la cosecha, Rafael recolecta las verduras con cuidado. Llena su cesta con tomates rojos, zanahorias naranjas, y calabazas amarillas. Las verduras son frescas y deliciosas.

Rafael lleva sus verduras al mercado local. Sus amigos y vecinos siempre esperan con ansias sus verduras. Son frescas, sabrosas, y cultivadas con amor. Cada vez que alguien compra sus verduras, Rafael siente una gran satisfacción.

Al final del día, Rafael vuelve a casa con su cesta vacía. Está cansado pero feliz. Sabe que ha hecho un buen trabajo y espera con entusiasmo la próxima jornada en su huerta.

CHAPTER 34

EL DÍA ESPECIAL DE LA FAMILIA GARCÍA (THE GARCIA FAMILY'S SPECIAL DAY)

KEY WORDS: Familia (family), especial (special), celebración (celebration), desayuno (breakfast), sonrisas (smiles), parque (park), picnic (picnic), juegos (games), risas (laughs), abrazos (hugs), amor (love), recuerdos (memories), unión (union)

STORY:

La familia García tiene un día especial cada año: el día de la familia. Es un día para celebrar su amor y unión. Todos en la familia esperan con ansias este día.

La celebración comienza temprano. Mamá García hace un delicioso desayuno para todos. Hay huevos, pan tostado, y jugo de naranja. Todos se sientan juntos en la mesa y disfrutan del desayuno con sonrisas y risas.

Después del desayuno, la familia García se dirige al parque para un picnic. Llevan una cesta llena de sandwiches, frutas y galletas. Se sientan en una manta bajo la sombra de un gran árbol. Comen, hablan y ríen juntos.

Por la tarde, juegan juegos en el parque. Papá García organiza una carrera de sacos y todos participan. Las risas llenan el aire mientras saltan hacia la línea de meta. Luego, juegan al escondite y a la cuerda.

Cuando el sol comienza a bajar, la familia García se sienta juntos a ver el atardecer. Se abrazan y disfrutan de la belleza del momento. Hablan sobre sus momentos favoritos del día y comparten historias y recuerdos.

Finalmente, vuelven a casa, cansados pero felices. Cada miembro de la familia siente el amor y la unión que comparten. Saben que este día especial de la familia es uno de los días más importantes del año.

SUMMARY IN ENGLISH:

The Garcia family has a special day every year: Family Day. It's a day to celebrate their love and union. Everyone in the family eagerly looks forward to this day.

The celebration begins early. Mama Garcia makes a delicious breakfast for everyone. There are eggs, toast, and orange juice. Everyone sits together at the table and enjoys the breakfast with smiles and laughter.

After breakfast, the Garcia family heads to the park for a picnic. They carry a basket full of sandwiches, fruits, and cookies. They sit on a blanket under the shade of a big tree. They eat, talk, and laugh together.

In the afternoon, they play games in the park. Papa Garcia organizes a sack race and everyone participates. Laughter fills the air as they jump toward the finish line. Then, they play hide-and-seek and tug-of-war.

As the sun starts to go down, the Garcia family sits together to watch the sunset. They hug each other and enjoy the beauty of the moment.

They talk about their favorite moments of the day and share stories and memories.

Finally, they go home, tired but happy. Each family member feels the love and unity they share. They know that this special Family Day is one of the most important days of the year.

SUMMARY IN SPANISH:

La familia García tiene un día especial cada año: el día de la familia. Es un día para celebrar su amor y unión. Todos en la familia esperan con ansias este día.

La celebración comienza temprano. Mamá García hace un delicioso desayuno para todos. Hay huevos, pan tostado, y jugo de naranja. Todos se sientan juntos en la mesa y disfrutan del desayuno con sonrisas y risas.

Después del desayuno, la familia García se dirige al parque para un picnic. Llevan una cesta llena de sandwiches, frutas y galletas. Se sientan en una manta bajo la sombra de un gran árbol. Comen, hablan y ríen juntos.

Por la tarde, juegan juegos en el parque. Papá García organiza una carrera de sacos y todos participan. Las risas llenan el aire mientras saltan hacia la línea de meta. Luego, juegan al escondite y a la cuerda.

Cuando el sol comienza a bajar, la familia García se sienta juntos a ver el atardecer. Se abrazan y disfrutan de la belleza del momento. Hablan sobre sus momentos favoritos del día y comparten historias y recuerdos.

Finalmente, vuelven a casa, cansados pero felices. Cada miembro de la familia siente el amor y la unión que comparten. Saben que este día especial de la familia es uno de los días más importantes del año.

CHAPTER 35

EL TESORO DE ALBERTO
(ALBERTO'S TREASURE)

KEY WORDS: Dinero (money), encontrar (find), parque (park), suerte (luck), helado (ice cream), alegría (joy), compartir (share), amigos (friends), generosidad (generosity), sonrisas (smiles), agradecimiento (gratitude), sorpresa (surprise)

STORY:

Alberto es un niño de siete años con una gran imaginación. Un día, mientras juega en el parque, encuentra algo brillante en el suelo. Al acercarse, descubre que es una moneda de diez euros. Para él, se siente como haber encontrado un verdadero tesoro.

En vez de guardarlo para sí mismo, Alberto decide hacer algo especial con el dinero. Con una sonrisa de emoción, corre a la heladería que está cerca del parque. Con sus diez euros, compra varios helados.

Con los helados en mano, Alberto regresa al parque. Allí, sus amigos están jugando al fútbol. Los llama y les muestra su sorpresa. Al ver los helados, todos exclaman de alegría.

Alberto reparte los helados a sus amigos. Cada uno recibe su helado con una gran sonrisa y le da las gracias a Alberto. La alegría de sus amigos hace que Alberto se sienta aún más feliz.

Ese día, Alberto aprende una valiosa lección. El verdadero tesoro no fue el dinero que encontró, sino la alegría de compartir con sus amigos. Y aunque fue solo una moneda de diez euros, para Alberto y sus amigos, fue un día de gran suerte y felicidad.

SUMMARY IN ENGLISH:

Alberto is a seven-year-old boy with a big imagination. One day, while playing in the park, he finds something shiny on the ground. As he gets closer, he discovers it's a ten-euro coin. To him, it feels like he has found a real treasure.

Instead of keeping it for himself, Alberto decides to do something special with the money. With a smile of excitement, he runs to the ice cream shop near the park. With his ten euros, he buys several ice creams.

With the ice creams in hand, Alberto goes back to the park. There, his friends are playing soccer. He calls them over and shows them his surprise. When they see the ice creams, they all exclaim with joy.

Alberto distributes the ice creams to his friends. Each one receives their ice cream with a big smile and thanks Alberto. Seeing his friends' joy makes Alberto feel even happier.

That day, Alberto learns a valuable lesson. The real treasure was not the money he found, but the joy of sharing with his friends. And even though it was just a ten-euro coin, for Alberto and his friends, it was a day of great luck and happiness.

SUMMARY IN SPANISH:

Alberto es un niño de siete años con una gran imaginación. Un día, mientras juega en el parque, encuentra algo brillante en el suelo. Al acercarse, descubre que es una moneda de diez euros. Para él, se siente como haber encontrado un verdadero tesoro.

En vez de guardarlo para sí mismo, Alberto decide hacer algo especial con el dinero. Con una sonrisa de emoción, corre a la heladería que está cerca del parque. Con sus diez euros, compra varios helados.

Con los helados en mano, Alberto regresa al parque. Allí, sus amigos están jugando al fútbol. Los llama y les muestra su sorpresa. Al ver los helados, todos exclaman de alegría.

Alberto reparte los helados a sus amigos. Cada uno recibe su helado con una gran sonrisa y le da las gracias a Alberto. La alegría de sus amigos hace que Alberto se sienta aún más feliz.

Ese día, Alberto aprende una valiosa lección. El verdadero tesoro no fue el dinero que encontró, sino la alegría de compartir con sus amigos. Y aunque fue solo una moneda de diez euros, para Alberto y sus amigos, fue un día de gran suerte y felicidad.

CHAPTER 36

EL REGALO DE AMOR DE JULIA Y MIGUEL (JULIA AND MIGUEL'S GIFT OF LOVE)

KEY WORDS: Novia (girlfriend), novio (boyfriend), regalo (gift), sorpresa (surprise), amor (love), paseo (walk), mar (sea), amanecer (sunrise), dibujo (drawing), sonrisas (smiles), abrazos (hugs), emociones (emotions), compartir (share)

STORY:

Julia y Miguel son novios desde hace dos años. Aman pasar tiempo juntos, ya sea caminando por la playa o viendo películas en casa. Un día, Julia decide darle a Miguel un regalo especial.

Ella se levanta temprano y se dirige a la playa. Lleva consigo su cuaderno de dibujo y lápices. Julia quiere capturar el amanecer en un dibujo para regalárselo a Miguel. A medida que el sol comienza a salir, ella dibuja meticulosamente cada detalle.

Cuando el dibujo está terminado, Julia regresa a casa. Encuentra a Miguel despierto, sorprendido de verla tan temprano. Ella le da el dibujo. Al verlo, Miguel queda impresionado. El dibujo es hermoso, pero lo que más le emociona es el amor y el esfuerzo que Julia ha puesto en el regalo.

Miguel abraza a Julia, agradeciéndole por el hermoso regalo. Luego, deciden ir a la playa juntos para ver el amanecer en la vida real. Allí, se sientan juntos, compartiendo risas y abrazos mientras el sol se eleva en el horizonte.

Ese día, el amor entre Julia y Miguel crece aún más. Se dan cuenta de que los regalos más valiosos no son los más caros, sino los que se dan con amor y cuidado.

SUMMARY IN ENGLISH:

Julia and Miguel have been dating for two years. They love spending time together, whether it's walking on the beach or watching movies at home. One day, Julia decides to give Miguel a special gift.

She gets up early and heads to the beach. She takes with her, her sketchbook and pencils. Julia wants to capture the sunrise in a drawing to give to Miguel. As the sun begins to rise, she meticulously draws each detail.

When the drawing is finished, Julia returns home. She finds Miguel awake, surprised to see her so early. She gives him the drawing. Seeing it, Miguel is astounded. The drawing is beautiful, but what moves him the most is the love and effort Julia has put into the gift.

Miguel hugs Julia, thanking her for the beautiful gift. Then, they decide to go to the beach together to see the real-life sunrise. There, they sit together, sharing laughs and hugs as the sun rises on the horizon.

That day, the love between Julia and Miguel grows even more. They realize that the most valuable gifts are not the most expensive ones, but those given with love and care.

SUMMARY IN SPANISH:

Julia y Miguel son novios desde hace dos años. Aman pasar tiempo juntos, ya sea caminando por la playa o viendo películas en casa. Un día, Julia decide darle a Miguel un regalo especial.

Ella se levanta temprano y se dirige a la playa. Lleva consigo su cuaderno de dibujo y lápices. Julia quiere capturar el amanecer en un dibujo para regalárselo a Miguel. A medida que el sol comienza a salir, ella dibuja meticulosamente cada detalle.

Cuando el dibujo está terminado, Julia regresa a casa. Encuentra a Miguel despierto, sorprendido de verla tan temprano. Ella le da el dibujo. Al verlo, Miguel queda impresionado. El dibujo es hermoso, pero lo que más le emociona es el amor y el esfuerzo que Julia ha puesto en el regalo.

Miguel abraza a Julia, agradeciéndole por el hermoso regalo. Luego, deciden ir a la playa juntos para ver el amanecer en la vida real. Allí, se sientan juntos, compartiendo risas y abrazos mientras el sol se eleva en el horizonte.

Ese día, el amor entre Julia y Miguel crece aún más. Se dan cuenta de que los regalos más valiosos no son los más caros, sino los que se dan con amor y cuidado.

CHAPTER 37

LA NOCHE DE CINE DE ANA Y JOSÉ (ANA AND JOSÉ'S MOVIE NIGHT)

KEY WORDS: Cine (movies), palomitas (popcorn), boletos (tickets), dulces (candy), amigos (friends), risas (laughs), emociones (emotions), película (film), asientos (seats), grande (big), pantalla (screen)

STORY:

Ana y José son grandes amigos que comparten una pasión por las películas. Cada viernes, tienen la tradición de ir al cine. Este viernes no es diferente.

Ana llega a casa de José a las siete en punto. José ya tiene los boletos en línea para evitar las largas filas. Ambos se suben al coche y conducen hasta el cine.

Cuando llegan, se dirigen directamente a la tienda de dulces. Ana elige un paquete grande de palomitas y José selecciona sus dulces favoritos. También toman dos refrescos grandes para acompañar sus aperitivos.

Finalmente, entran a la sala de cine. Eligen sus asientos favoritos, en el medio y cerca de la parte trasera, para tener la mejor vista de la pantalla grande. Mientras esperan que la película comience, comparten risas y hablan de sus expectativas.

La película comienza y ambos se sumergen en la trama. Ríen, se asustan y se emocionan juntos. Al final de la película, se quedan un rato discutiendo sus partes favoritas y las cosas que les sorprendieron.

La noche de cine de Ana y José no se trata solo de ver una película. Se trata de compartir experiencias, emociones y recuerdos. Y, por supuesto, de disfrutar de unas buenas palomitas y dulces.

SUMMARY IN ENGLISH:

Ana and José are great friends who share a passion for movies. Every Friday, they have a tradition of going to the movies. This Friday is no different.

Ana arrives at José's house at seven o'clock sharp. José already has the tickets online to avoid long lines. They both get in the car and drive to the cinema.

When they arrive, they go straight to the candy store. Ana chooses a large popcorn and José picks his favorite candies. They also take two large sodas to accompany their snacks.

Finally, they enter the cinema. They choose their favorite seats, in the middle and near the back, to have the best view of the big screen. As they wait for the movie to start, they share laughs and talk about their expectations.

The movie begins, and they both immerse themselves in the plot. They laugh, get scared, and get excited together. At the end of the movie, they stay a while discussing their favorite parts and the things that surprised them.

Ana and José's movie night is not just about watching a movie. It's about sharing experiences, emotions, and memories. And, of course, enjoying some good popcorn and candy.

SUMMARY IN SPANISH:

Ana y José son grandes amigos que comparten una pasión por las películas. Cada viernes, tienen la tradición de ir al cine. Este viernes no es diferente.

Ana llega a casa de José a las siete en punto. José ya tiene los boletos en línea para evitar las largas filas. Ambos se suben al coche y conducen hasta el cine.

Cuando llegan, se dirigen directamente a la tienda de dulces. Ana elige un paquete grande de palomitas y José selecciona sus dulces favoritos. También toman dos refrescos grandes para acompañar sus aperitivos.

Finalmente, entran a la sala de cine. Eligen sus asientos favoritos, en el medio y cerca de la parte trasera, para tener la mejor vista de la pantalla grande. Mientras esperan que la película comience, comparten risas y hablan de sus expectativas.

La película comienza y ambos se sumergen en la trama. Ríen, se asustan y se emocionan juntos. Al final de la película, se quedan un rato discutiendo sus partes favoritas y las cosas que les sorprendieron.

La noche de cine de Ana y José no se trata solo de ver una película. Se trata de compartir experiencias, emociones y recuerdos. Y, por supuesto, de disfrutar de unas buenas palomitas y dulces.

CHAPTER 38

LA DISCUSIÓN DE ROSA Y MARTA (ROSA AND MARTA'S ARGUMENT)

KEY WORDS: Amigas (friends), discusión (argument), desacuerdo (disagreement), enfadadas (angry), reconciliación (reconciliation), respeto (respect), perdonar (forgive), lágrimas (tears), entendimiento (understanding), amistad (friendship)

STORY:

Rosa y Marta son las mejores amigas. Siempre hacen todo juntas, desde ir al colegio hasta pasar los fines de semana. Un día, tienen una discusión por un malentendido.

Están en el parque, jugando con su balón. De repente, Rosa acusa a Marta de hacer trampas en el juego. Marta se siente ofendida porque dice que está jugando limpio. Ambas empiezan a discutir y se enfadan tanto que deciden irse a casa por separado.

Esa noche, ninguna puede dormir bien. A ambas les duele haber discutido y echan de menos a la otra. Después de mucha reflexión, Rosa decide que debe disculparse con Marta.

A la mañana siguiente, Rosa va a la casa de Marta. Con lágrimas en los ojos, se disculpa por acusarla injustamente. Marta, a su vez, se disculpa por haberse enfadado tanto. Ambas se perdonan y prometen no volver a discutir por algo tan trivial.

La discusión enseña a Rosa y Marta una valiosa lección sobre el respeto y la comprensión. Aprenden que la amistad es más importante que ganar un juego y que siempre deben tratar a la otra con respeto y bondad.

SUMMARY IN ENGLISH:

Rosa and Marta are best friends. They always do everything together, from going to school to spending the weekends. One day, they have an argument over a misunderstanding.

They are in the park, playing with their ball. Suddenly, Rosa accuses Marta of cheating in the game. Marta is offended because she says she is playing fair. Both start arguing and get so angry that they decide to go home separately.

That night, neither can sleep well. Both are hurt from arguing and miss the other. After much reflection, Rosa decides that she should apologize to Marta.

The next morning, Rosa goes to Marta's house. With tears in her eyes, she apologizes for unjustly accusing her. Marta, in turn, apologizes for getting so angry. They both forgive each other and promise not to argue over something so trivial again.

The argument teaches Rosa and Marta a valuable lesson about respect and understanding. They learn that friendship is more important than winning a game and that they should always treat each other with respect and kindness.

Rosa y Marta son las mejores amigas. Siempre hacen todo juntas, desde ir al colegio hasta pasar los fines de semana. Un día, tienen una discusión por un malentendido.

Están en el parque, jugando con su balón. De repente, Rosa acusa a Marta de hacer trampas en el juego. Marta se siente ofendida porque dice que está jugando limpio. Ambas empiezan a discutir y se enfadan tanto que deciden irse a casa por separado.

Esa noche, ninguna puede dormir bien. A ambas les duele haber discutido y echan de menos a la otra. Después de mucha reflexión, Rosa decide que debe disculparse con Marta.

A la mañana siguiente, Rosa va a la casa de Marta. Con lágrimas en los ojos, se disculpa por acusarla injustamente. Marta, a su vez, se disculpa por haberse enfadado tanto. Ambas se perdonan y prometen no volver a discutir por algo tan trivial.

La discusión enseña a Rosa y Marta una valiosa lección sobre el respeto y la comprensión. Aprenden que la amistad es más importante que ganar un juego y que siempre deben tratar a la otra con respeto y bondad.

CHAPTER 39

EL VIAJE DE JUAN AL BANCO
(JUAN'S TRIP TO THE BANK)

KEY WORDS: Banco (bank), dinero (money), cuenta (account), cajero (cashier), cola (queue), depósito (deposit), retiro (withdrawal), amable (kind), seguro (safe), paciencia (patience)

STORY:

Juan necesita depositar dinero en su cuenta bancaria. Así que, una mañana soleada, decide hacer el viaje al banco local.

Al llegar al banco, ve que hay una larga cola. Sin embargo, Juan sabe que la paciencia es clave en estas situaciones. Se coloca en la cola y espera su turno. Mientras espera, aprovecha para revisar su cuenta a través de la aplicación del banco en su móvil.

Finalmente, llega su turno. El cajero, una señora amable con una sonrisa en su rostro, le da la bienvenida. Juan le informa que quiere depositar dinero en su cuenta. La cajera pide a Juan que llene un formulario y que le entregue el dinero para depositarlo.

Después de unos minutos, el depósito está hecho. Juan verifica su cuenta a través de su aplicación de móvil y ve que el dinero ya está en su cuenta. Agradece al cajero y se va del banco, contento por haber completado su tarea.

Al final del día, Juan reflexiona sobre su viaje al banco. Aunque a veces puede ser un poco aburrido y lento, sabe que es importante para mantener su dinero seguro. Y siempre está agradecido por el personal amable que hace que la experiencia sea un poco más agradable.

SUMMARY IN ENGLISH:

Juan needs to deposit money into his bank account. So, on a sunny morning, he decides to make the trip to the local bank.

Upon arriving at the bank, he sees that there is a long queue. However, Juan knows that patience is key in these situations. He joins the queue and waits his turn. While waiting, he takes the opportunity to check his account through the bank's app on his mobile.

Finally, it's his turn. The cashier, a kind lady with a smile on her face, welcomes him. Juan informs her that he wants to deposit money into his account. The cashier asks Juan to fill out a form and give her the money to deposit it.

After a few minutes, the deposit is made. Juan checks his account through his mobile app and sees that the money is already in his account. He thanks the cashier and leaves the bank, happy to have completed his task.

At the end of the day, Juan reflects on his trip to the bank. Although it can sometimes be a bit boring and slow, he knows it's important for keeping his money safe. And he's always grateful for the kind staff that makes the experience a little more enjoyable.

SUMMARY IN SPANISH:

Juan necesita depositar dinero en su cuenta bancaria. Así que, una mañana soleada, decide hacer el viaje al banco local.

Al llegar al banco, ve que hay una larga cola. Sin embargo, Juan sabe que la paciencia es clave en estas situaciones. Se coloca en la cola y espera su turno. Mientras espera, aprovecha para revisar su cuenta a través de la aplicación del banco en su móvil.

Finalmente, llega su turno. El cajero, una señora amable con una sonrisa en su rostro, le da la bienvenida. Juan le informa que quiere depositar dinero en su cuenta. La cajera pide a Juan que llene un formulario y que le entregue el dinero para depositarlo.

Después de unos minutos, el depósito está hecho. Juan verifica su cuenta a través de su aplicación de móvil y ve que el dinero ya está en su cuenta. Agradece al cajero y se va del banco, contento por haber completado su tarea.

Al final del día, Juan reflexiona sobre su viaje al banco. Aunque a veces puede ser un poco aburrido y lento, sabe que es importante para mantener su dinero seguro. Y siempre está agradecido por el personal amable que hace que la experiencia sea un poco más agradable.

CHAPTER 40

EL ÚLTIMO DÍA DE BRUNO EN EL PARQUE (BRUNO'S LAST DAY AT THE PARK)

KEY WORDS: Perro (dog), parque (park), felicidad (happiness), juguetón (playful), enfermedad (illness), veterianario (veterinarian), despedida (farewell), lágrimas (tears), recuerdos (memories), pérdida (loss)

STORY:

Bruno es un perro grande y juguetón. Siempre disfruta de sus visitas al parque con su dueño, Carlos. Saltar sobre las hojas caídas y perseguir a las ardillas es su juego favorito.

Pero un día, Bruno no se siente tan enérgico. No tiene ganas de perseguir ardillas ni saltar sobre las hojas. Carlos se preocupa y lleva a Bruno al veterinario. Después de algunas pruebas, el veterinario informa a Carlos que Bruno está muy enfermo.

A pesar de la triste noticia, Carlos decide llevar a Bruno al parque una última vez. Pasean lentamente, disfrutando del sol y del fresco aire otoñal. Bruno se acuesta en sus hojas favoritas y Carlos se sienta a su lado, acariciándolo suavemente.

Pasaron el día juntos, recordando todas las veces que jugaron y rieron en ese parque. Al final del día, con lágrimas en los ojos, Carlos se despide de Bruno. Le agradece por todos los momentos felices y le dice cuánto lo va a extrañar.

Aunque Bruno ya no está, Carlos siempre lo recordará. Cada vez que va al parque, puede ver a Bruno corriendo y jugando en su mente. Aunque está triste, está agradecido por los recuerdos felices que tiene de su fiel amigo.

SUMMARY IN ENGLISH:

Bruno is a big, playful dog. He always enjoys his visits to the park with his owner, Carlos. Jumping on the fallen leaves and chasing squirrels is his favorite game.

But one day, Bruno doesn't feel as energetic. He doesn't feel like chasing squirrels or jumping on the leaves. Carlos worries and takes Bruno to the vet. After some tests, the vet informs Carlos that Bruno is very sick.

Despite the sad news, Carlos decides to take Bruno to the park one last time. They walk slowly, enjoying the sun and the cool autumn air. Bruno lies down on his favorite leaves and Carlos sits next to him, gently petting him.

They spend the day together, remembering all the times they played and laughed in that park. At the end of the day, with tears in his eyes, Carlos says goodbye to Bruno. He thanks him for all the happy moments and tells him how much he's going to miss him.

Even though Bruno is no longer around, Carlos will always remember him. Every time he goes to the park, he can see Bruno running and playing in his mind. Even though he's sad, he's grateful for the happy memories he has of his faithful friend.

SUMMARY IN SPANISH:

Bruno es un perro grande y juguetón. Siempre disfruta de sus visitas al parque con su dueño, Carlos. Saltar sobre las hojas caídas y perseguir a las ardillas es su juego favorito.

Pero un día, Bruno no se siente tan enérgico. No tiene ganas de perseguir ardillas ni saltar sobre las hojas. Carlos se preocupa y lleva a Bruno al veterinario. Después de algunas pruebas, el veterinario informa a Carlos que Bruno está muy enfermo.

A pesar de la triste noticia, Carlos decide llevar a Bruno al parque una última vez. Pasean lentamente, disfrutando del sol y del fresco aire otoñal. Bruno se acuesta en sus hojas favoritas y Carlos se sienta a su lado, acariciándolo suavemente.

Pasaron el día juntos, recordando todas las veces que jugaron y rieron en ese parque. Al final del día, con lágrimas en los ojos, Carlos se despide de Bruno. Le agradece por todos los momentos felices y le dice cuánto lo va a extrañar.

Aunque Bruno ya no está, Carlos siempre lo recordará. Cada vez que va al parque, puede ver a Bruno corriendo y jugando en su mente. Aunque está triste, está agradecido por los recuerdos felices que tiene de su fiel amigo.

CHAPTER 41

EL VIAJE DE MARÍA EN EL METRO (MARÍA'S METRO JOURNEY)

KEY WORDS: Metro (subway), viaje (journey), mapa (map), boleto (ticket), pasajero (passenger), estación (station), asiento (seat), retraso (delay), multitud (crowd), destino (destination)

STORY:

María es una estudiante universitaria que vive en la gran ciudad. Para llegar a la universidad todos los días, toma el metro.

Una mañana, después de revisar el mapa del metro y comprar su boleto, María se dirige a la estación más cercana. El metro es muy concurrido por la mañana, pero María está acostumbrada a la multitud. Aunque a veces puede ser un poco agobiante, sabe que el metro es la forma más rápida de llegar a su destino.

Una vez en el metro, María busca un asiento libre, pero todos están ocupados. Así que, se agarra de la barra de apoyo y espera su parada. A veces, María lee un libro o escucha música para pasar el tiempo.

Ese día, el metro se detiene inesperadamente entre dos estaciones debido a un retraso. María y los demás pasajeros esperan pacientemente mientras los problemas se resuelven. Después de unos minutos, el metro vuelve a moverse y María finalmente llega a su parada.

María se baja del metro y sube las escaleras hasta la superficie. Mira su reloj y se da cuenta de que a pesar del retraso, llegará a tiempo a la universidad. Se alegra de haber elegido el metro, ya que incluso con sus inconvenientes, sigue siendo la forma más eficiente de moverse por la ciudad.

SUMMARY IN ENGLISH:

María is a university student living in the big city. To get to university every day, she takes the subway.

One morning, after checking the subway map and buying her ticket, María heads to the nearest station. The subway is very crowded in the morning, but María is used to the crowd. Although it can sometimes be a bit overwhelming, she knows the subway is the quickest way to get to her destination.

Once on the subway, María looks for a free seat, but they are all taken. So, she grabs the support bar and waits for her stop. Sometimes, María reads a book or listens to music to pass the time.

That day, the subway unexpectedly stops between two stations due to a delay. María and the other passengers patiently wait while the issues are resolved. After a few minutes, the subway starts moving again and María finally reaches her stop.

María gets off the subway and climbs the stairs to the surface. She checks her watch and realizes that despite the delay, she will make it to university on time. She is glad she chose the subway, as even with its inconveniences, it remains the most efficient way to get around the city.

María es una estudiante universitaria que vive en la gran ciudad. Para llegar a la universidad todos los días, toma el metro.

Una mañana, después de revisar el mapa del metro y comprar su boleto, María se dirige a la estación más cercana. El metro es muy concurrido por la mañana, pero María está acostumbrada a la multitud. Aunque a veces puede ser un poco agobiante, sabe que el metro es la forma más rápida de llegar a su destino.

Una vez en el metro, María busca un asiento libre, pero todos están ocupados. Así que, se agarra de la barra de apoyo y espera su parada. A veces, María lee un libro o escucha música para pasar el tiempo.

Ese día, el metro se detiene inesperadamente entre dos estaciones debido a un retraso. María y los demás pasajeros esperan pacientemente mientras los problemas se resuelven. Después de unos minutos, el metro vuelve a moverse y María finalmente llega a su parada.

María se baja del metro y sube las escaleras hasta la superficie. Mira su reloj y se da cuenta de que a pesar del retraso, llegará a tiempo a la universidad. Se alegra de haber elegido el metro, ya que incluso con sus inconvenientes, sigue siendo la forma más eficiente de moverse por la ciudad.

CHAPTER 42

UN DÍA EN LA CAFETERÍA CON LUISA (A DAY AT THE COFFEE SHOP WITH LUISA)

KEY WORDS: Cafetería (coffee shop), café (coffee), barista (barista), ordenar (to order), sabor (flavor), ambiente (atmosphere), aroma (aroma), relajante (relaxing), amigo (friend), disfrutar (enjoy)

STORY:

Luisa es una escritora que vive en la ciudad. Le encanta comenzar su día en su cafetería favorita, 'La Taza Dorada'. Le gusta el sabor del café recién hecho y el aroma que llena el aire.

Una mañana, Luisa camina hasta la cafetería. Saluda al barista, una joven amigable llamada Elena, y ordena su café favorito: un capuchino con un toque de canela.

Mientras espera su café, Luisa se sienta en una de las mesas junto a la ventana. La cafetería tiene un ambiente relajante con su decoración cálida y música suave. Luisa abre su portátil y comienza a escribir, inspirada por el ambiente a su alrededor.

Pronto, Elena le trae su café. Luisa agradece y toma un sorbo. El sabor es justo como a ella le gusta: fuerte pero suave, con el toque de canela que añade un sabor especial.

Luisa se sumerge en su escritura, pero despúes de un rato, un amigo suyo, Pedro, entra en la cafetería. Se unen y disfrutan de una agradable conversación junto con su café.

Después de algunas horas, Luisa se despide de Pedro y Elena, y se va de la cafetería, sintiéndose satisfecha y renovada. No hay nada como un buen café y la compañía de amigos para comenzar el día con buen pie.

SUMMARY IN ENGLISH:

Luisa is a writer who lives in the city. She loves to start her day at her favorite coffee shop, 'The Golden Cup.' She likes the taste of freshly made coffee and the aroma that fills the air.

One morning, Luisa walks to the coffee shop. She greets the barista, a friendly young woman named Elena, and orders her favorite coffee: a cappuccino with a hint of cinnamon.

As she waits for her coffee, Luisa sits at one of the tables by the window. The coffee shop has a relaxing atmosphere with its warm decor and soft music. Luisa opens her laptop and starts writing, inspired by the surroundings.

Soon, Elena brings her coffee. Luisa thanks her and takes a sip. The taste is just how she likes it: strong but smooth, with the hint of cinnamon adding a special flavor.

Luisa immerses herself in her writing, but after a while, a friend of hers, Pedro, comes into the coffee shop. They join up and enjoy a pleasant conversation along with their coffee.

After a few hours, Luisa says goodbye to Pedro and Elena, and leaves the coffee shop, feeling satisfied and refreshed. There's nothing like good coffee and the company of friends to start the day off right.

Luisa es una escritora que vive en la ciudad. Le encanta comenzar su día en su cafetería favorita, 'La Taza Dorada'. Le gusta el sabor del café recién hecho y el aroma que llena el aire.

Una mañana, Luisa camina hasta la cafetería. Saluda al barista, una joven amigable llamada Elena, y ordena su café favorito: un capuchino con un toque de canela.

Mientras espera su café, Luisa se sienta en una de las mesas junto a la ventana. La cafetería tiene un ambiente relajante con su decoración cálida y música suave. Luisa abre su portátil y comienza a escribir, inspirada por el ambiente a su alrededor.

Pronto, Elena le trae su café. Luisa agradece y toma un sorbo. El sabor es justo como a ella le gusta: fuerte pero suave, con el toque de canela que añade un sabor especial.

Luisa se sumerge en su escritura, pero después de un rato, un amigo suyo, Pedro, entra en la cafetería. Se unen y disfrutan de una agradable conversación junto con su café.

Después de algunas horas, Luisa se despide de Pedro y Elena, y se va de la cafetería, sintiéndose satisfecha y renovada. No hay nada como un buen café y la compañía de amigos para comenzar el día con buen pie.

CHAPTER 43

LA LLEGADA DE SOFIA

KEY WORDS: Bebé (baby), embarazo (pregnancy), padre/madre (father/mother), médico (doctor), ultrasonido (ultrasound), hospital (hospital), emocionante (exciting), amor (love), nervios (nerves), alegría (joy)

STORY:

Carmen y Juan han estado esperando este momento durante mucho tiempo. Han preparado la habitación, han comprado la ropa del bebé y han asistido a todas las citas con el médico. Están emocionados y un poco nerviosos porque van a ser padres por primera vez.

Carmen se ha estado sintiendo bien durante todo su embarazo. El médico ha dicho que todo va bien. La última vez que fueron al hospital para el ultrasonido, pudieron ver a su bebé en la pantalla. Fue un momento muy emocionante para ambos. Decidieron que se llamaría Sofía.

Finalmente, llega el día en que Sofía nacerá. Carmen siente sus primeras contracciones y saben que es hora de ir al hospital. El viaje al hospital está lleno de emoción y nervios. Pero ambos están listos para recibir a su pequeña niña.

En el hospital, los médicos y enfermeras cuidan de Carmen. Juan está a su lado, sosteniéndole la mano. Después de algunas horas, escuchan el primer llanto de Sofía. Es un sonido que llena la habitación de amor y alegría.

Carmen y Juan están exhaustos pero felices. Han estado esperando este momento durante mucho tiempo. Ahora, finalmente, tienen a Sofía en sus brazos. Aunque están nerviosos por lo que viene, saben que están listos para ser padres. No hay nada más emocionante que la llegada de un nuevo miembro a la familia.

SUMMARY IN ENGLISH:

Carmen and Juan have been waiting for this moment for a long time. They have prepared the room, bought baby clothes, and attended all the doctor's appointments. They are excited and a little nervous because they are going to be parents for the first time.

Carmen has been feeling well throughout her pregnancy. The doctor has said everything is going well. The last time they went to the hospital for an ultrasound, they were able to see their baby on the screen. It was a very exciting moment for both of them. They decided she would be called Sofia.

Finally, the day comes when Sofia will be born. Carmen feels her first contractions and they know it's time to go to the hospital. The trip to the hospital is full of excitement and nerves. But both are ready to receive their little girl.

At the hospital, doctors and nurses take care of Carmen. Juan is by her side, holding her hand. After a few hours, they hear Sofia's first cry. It's a sound that fills the room with love and joy.

Carmen and Juan are exhausted but happy. They have been waiting for this moment for a long time. Now, finally, they have Sofia in their arms. Although they are nervous about what is to come, they know they are ready to be parents. There is nothing more exciting than the arrival of a new family member.

SUMMARY IN SPANISH:

Carmen y Juan han estado esperando este momento durante mucho tiempo. Han preparado la habitación, comprado la ropa del bebé, y asistido a todas las citas con el médico. Están emocionados y un poco nerviosos porque van a ser padres por primera vez.

Carmen se ha sentido bien durante todo su embarazo. El médico ha dicho que todo va bien. La última vez que fueron al hospital para un ultrasonido, pudieron ver a su bebé en la pantalla. Fue un momento muy emocionante para ambos. Decidieron que se llamaría Sofia.

Finalmente, llega el día en que Sofia nacerá. Carmen siente sus primeras contracciones y saben que es hora de ir al hospital. El viaje al hospital está lleno de emoción y nervios. Pero ambos están listos para recibir a su pequeña niña.

En el hospital, los médicos y enfermeras cuidan de Carmen. Juan está a su lado, sosteniéndole la mano. Después de algunas horas, escuchan el primer llanto de Sofia. Es un sonido que llena la habitación de amor y alegría.

Carmen y Juan están exhaustos pero felices. Han estado esperando este momento durante mucho tiempo. Ahora, finalmente, tienen a Sofia en sus brazos. Aunque están nerviosos por lo que viene, saben que están listos para ser padres. No hay nada más emocionante que la llegada de un nuevo miembro a la familia.

CHAPTER 44

EL MISTERIOSO VIAJERO DEL TIEMPO (THE MYSTERIOUS TIME TRAVELER)

KEY WORDS: Viajero (traveler), tiempo (time), misterioso (mysterious), reloj (clock), pasado (past), futuro (future), descubrimiento (discovery), aventura (adventure), ciudad (city), sorpresa (surprise)

STORY:

En una ciudad pequeña y tranquila vive un hombre llamado Luis. Luis es un hombre común y corriente, pero tiene un secreto muy grande. Posee un reloj misterioso que puede viajar en el tiempo.

Un día, decide usar su reloj para viajar al pasado. Aparece en la misma ciudad, pero todo es diferente. Las casas, las calles, la gente, todo es como era hace cien años. Luis está asombrado y decide explorar.

Camina por las calles antiguas, observa las tiendas y habla con la gente. Es una experiencia increíble para él. Pero luego, nota algo extraño. Ve a un hombre que se parece exactamente a él. Luis se acerca y descubre que el hombre es su bisabuelo. Es una gran sorpresa para él.

Después de un rato, decide regresar a su tiempo. Cuando vuelve, se da cuenta de que su vida ha cambiado. Ahora, tiene una mejor comprensión de su familia y de sí mismo.

Al día siguiente, Luis decide viajar al futuro. Aparece en la misma ciudad, pero todo es muy diferente. Los edificios son altos, los autos vuelan y las personas usan ropa extraña. Luis se siente sorprendido y emocionado. Decide explorar la ciudad del futuro y aprender todo lo que pueda.

Después de su viaje al futuro, Luis regresa a su tiempo. Está feliz de estar en casa, pero también está emocionado por las aventuras que ha tenido. Ahora, sabe que tiene una herramienta poderosa y decide usarla sabiamente. Desde ese día, Luis se convierte en el misterioso viajero del tiempo, explorando el pasado y el futuro, y aprendiendo algo nuevo cada vez.

SUMMARY IN ENGLISH:

In a small, quiet town lives a man named Luis. Luis is an ordinary man, but he has a very big secret. He has a mysterious clock that can travel through time.

One day, he decides to use his clock to travel to the past. He appears in the same town, but everything is different. The houses, the streets, the people, everything is as it was a hundred years ago. Luis is amazed and decides to explore.

He walks through the old streets, looks at the shops, and talks to the people. It's an amazing experience for him. But then, he notices something strange. He sees a man who looks exactly like him. Luis approaches and discovers that the man is his great-grandfather. It's a big surprise for him.

After a while, he decides to return to his time. When he comes back, he realizes that his life has changed. Now, he has a better understanding of his family and himself.

The next day, Luis decides to travel to the future. He appears in the same city, but everything is very different. The buildings are tall, the cars fly, and people wear strange clothes. Luis feels surprised and excited. He decides to explore the future city and learn everything he can.

After his trip to the future, Luis returns to his time. He is happy to be home, but also excited about the adventures he has had. Now, he knows he has a powerful tool and decides to use it wisely. From that day, Luis becomes a mysterious time traveler, exploring the past and the future, and learning something new each time.

SUMMARY IN SPANISH:

En una pequeña y tranquila ciudad vive un hombre llamado Luis. Luis es un hombre ordinario, pero tiene un secreto muy grande. Tiene un reloj misterioso que puede viajar en el tiempo.

Un día, decide usar su reloj para viajar al pasado. Aparece en la misma ciudad, pero todo es diferente. Las casas, las calles, la gente, todo es como era hace cien años. Luis está asombrado y decide explorar.

Camina por las antiguas calles, observa las tiendas y habla con la gente. Es una experiencia increíble para él. Pero luego, nota algo extraño. Ve a un hombre que se parece exactamente a él. Luis se acerca y descubre que el hombre es su bisabuelo. Es una gran sorpresa para él.

Después de un rato, decide volver a su tiempo. Cuando vuelve, se da cuenta de que su vida ha cambiado. Ahora, tiene una mejor comprensión de su familia y de sí mismo.

Al día siguiente, Luis decide viajar al futuro. Aparece en la misma ciudad, pero todo es muy diferente. Los edificios son altos, los autos vuelan y las personas usan ropa extraña. Luis se siente sorprendido y emocionado. Decide explorar la ciudad del futuro y aprender todo lo que pueda.

Después de su viaje al futuro, Luis regresa a su tiempo. Está feliz de estar en casa, pero también está emocionado por las aventuras que ha tenido. Ahora, sabe que tiene una herramienta poderosa y decide usarla sabiamente. Desde ese día, Luis se convierte en el misterioso viajero del tiempo, explorando el pasado y el futuro, y aprendiendo algo nuevo cada vez.

CHAPTER 45

LA AVENTURA DE VACACIONES DE ANA (ANA'S VACATION ADVENTURE)

KEY WORDS: vacaciones (vacation), playa (beach), sol (sun), mar (sea), arena (sand), concha (seashell), hotel (hotel), helado (ice cream), diversión (fun), recuerdos (memories)

STORY:

Ana es una mujer joven y activa que ama las aventuras. Después de meses de trabajar duro, decide que necesita unas vacaciones. Planea un viaje a una hermosa playa en el sur de España.

Llega a la playa y se queda en un hotel encantador con vistas al mar azul. Cada día, se despierta con el sol brillando y el sonido de las olas rompiendo en la orilla. Después de desayunar, se va a la playa con su toalla, su sombrero y su protector solar.

Ana pasa sus días nadando en el mar, jugando en la arena y leyendo libros bajo la sombrilla. A veces, camina a lo largo de la playa buscando conchas bonitas para coleccionar. En las tardes, compra un helado de la tienda local y lo disfruta mientras ve la puesta de sol.

Un día, decide explorar la ciudad cercana. Visita los mercados locales, come deliciosa comida española y compra recuerdos para su familia y amigos. Incluso aprende algunas frases en español de los lugareños.

Al final de sus vacaciones, Ana está triste de irse pero feliz de haber tenido una maravillosa aventura. Se va con una bolsa llena de conchas, recuerdos y hermosas fotos de sus días en la playa.

SUMMARY IN ENGLISH:

Ana is a young and active woman who loves adventures. After months of hard work, she decides she needs a vacation. She plans a trip to a beautiful beach in southern Spain.

She arrives at the beach and stays at a lovely hotel overlooking the blue sea. Every day, she wakes up to the shining sun and the sound of the waves breaking on the shore. After breakfast, she goes to the beach with her towel, hat, and sunscreen.

Ana spends her days swimming in the sea, playing in the sand, and reading books under an umbrella. Sometimes, she walks along the beach looking for pretty seashells to collect. In the evenings, she buys ice cream from the local shop and enjoys it while watching the sunset.

One day, she decides to explore the nearby city. She visits the local markets, eats delicious Spanish food, and buys souvenirs for her family and friends. She even learns a few phrases in Spanish from the locals.

At the end of her vacation, Ana is sad to leave but happy to have had a wonderful adventure. She leaves with a bag full of seashells, souvenirs, and beautiful photos of her days on the beach.

Ana es una mujer joven y activa que ama las aventuras. Después de meses de trabajar duro, decide que necesita unas vacaciones. Planea un viaje a una hermosa playa en el sur de España.

Llega a la playa y se queda en un hotel encantador con vistas al mar azul. Cada día, se despierta con el sol brillante y el sonido de las olas rompiendo en la orilla. Después de desayunar, se va a la playa con su toalla, su sombrero y su protector solar.

Ana pasa sus días nadando en el mar, jugando en la arena y leyendo libros bajo la sombrilla. A veces, camina a lo largo de la playa buscando conchas bonitas para coleccionar. En las tardes, compra un helado de la tienda local y lo disfruta mientras ve la puesta de sol.

Un día, decide explorar la ciudad cercana. Visita los mercados locales, come deliciosa comida española y compra recuerdos para su familia y amigos. Incluso aprende algunas frases en español de los lugareños.

Al final de sus vacaciones, Ana está triste de irse pero feliz de haber tenido una maravillosa aventura. Se va con una bolsa llena de conchas, recuerdos y hermosas fotos de sus días en la playa.

CHAPTER 46

EL SECRETO DE LOS HERMANOS (THE SECRET OF THE SIBLINGS)

KEY WORDS: hermanos (siblings), secreto (secret), árbol (tree), casa del árbol (tree house), mapa (map), tesoro (treasure), jardín (garden), diversión (fun), hermana (sister), hermano (brother)

STORY:

María y Jorge son hermanos. Viven en una casa grande con un jardín enorme. En el jardín, hay un árbol gigante. En este árbol, los hermanos han construido su propia casa del árbol.

Un día, mientras están jugando en la casa del árbol, encuentran un mapa antiguo. El mapa muestra un camino que conduce a un tesoro escondido en su jardín. María y Jorge están emocionados. Deciden buscar el tesoro.

Primero, siguen las indicaciones del mapa y cavan en varios lugares del jardín. Pero no encuentran nada. Sin embargo, no se desaniman y continúan buscando.

Después de muchas horas, finalmente encuentran el lugar indicado por el mapa. Cavan y cavan, y finalmente, encuentran una caja vieja.

Dentro de la caja, hay monedas de oro, joyas brillantes y una corona. María y Jorge no pueden creer lo que ven.

Deciden que este tesoro será su secreto. Lo guardan en su casa del árbol y juegan con él todos los días. Y aunque son solo niños, María y Jorge sienten que han vivido la mayor aventura de sus vidas.

SUMMARY IN ENGLISH:

Maria and Jorge are siblings. They live in a big house with a huge garden. In the garden, there is a giant tree. In this tree, the siblings have built their own tree house.

One day, while they are playing in the tree house, they find an old map. The map shows a path leading to a hidden treasure in their garden. Maria and Jorge are excited. They decide to search for the treasure.

First, they follow the directions on the map and dig in several places in the garden. But they find nothing. However, they do not get discouraged and continue searching.

After many hours, they finally find the place indicated by the map. They dig and dig, and finally, they find an old box. Inside the box, there are gold coins, shiny jewels, and a crown. Maria and Jorge cannot believe what they see.

They decide that this treasure will be their secret. They keep it in their tree house and play with it every day. And although they are just children, Maria and Jorge feel that they have lived the greatest adventure of their lives.

SUMMARY IN SPANISH:

María y Jorge son hermanos. Viven en una casa grande con un jardín enorme. En el jardín, hay un árbol gigante. En este árbol, los hermanos han construido su propia casa del árbol.

Un día, mientras están jugando en la casa del árbol, encuentran un mapa antiguo. El mapa muestra un camino que conduce a un tesoro escondido en su jardín. María y Jorge están emocionados. Deciden buscar el tesoro.

Primero, siguen las indicaciones del mapa y cavan en varios lugares del jardín. Pero no encuentran nada. Sin embargo, no se desaniman y continúan buscando.

Después de muchas horas, finalmente encuentran el lugar indicado por el mapa. Cavan y cavan, y finalmente, encuentran una caja vieja. Dentro de la caja, hay monedas de oro, joyas brillantes y una corona. María y Jorge no pueden creer lo que ven.

Deciden que este tesoro será su secreto. Lo guardan en su casa del árbol y juegan con él todos los días. Y aunque son solo niños, María y Jorge sienten que han vivido la mayor aventura de sus vidas.

CHAPTER 47

COCINANDO LA CENA CON JOSÉ (COOKING DINNER WITH JOSÉ)

KEY WORDS: cocina (kitchen), cena (dinner), receta (recipe), ingredientes (ingredients), verduras (vegetables), pollo (chicken), sabor (flavor), mesa (table), platos (dishes), familia (family)

STORY:

José siempre ha disfrutado cocinar. Una noche, decide preparar una cena especial para su familia. Busca una receta en un libro de cocina antiguo que pertenecía a su abuela.

La receta que elige es Pollo al ajillo, un plato que recuerda haber comido cuando era niño. Primero, reúne todos los ingredientes necesarios: pollo, ajo, limón, aceite de oliva y varias especias.

En la cocina, José comienza a preparar la cena. Primero, corta las verduras y las coloca en un tazón. Luego, sazona el pollo con ajo, limón, y especias y lo coloca en el horno para cocinar.

Mientras el pollo se cocina, José pone la mesa. Coloca los platos, las copas y los cubiertos en su lugar. Luego, sirve las verduras en un plato grande.

Finalmente, el pollo está listo. José lo saca del horno y lo coloca en la mesa junto a las verduras. Cuando su familia llega a la mesa, todos aplauden a José por su esfuerzo. Prueban la comida y están encantados con el sabor.

Esa noche, la cocina de José se llena de risas, conversaciones y el delicioso aroma de la comida casera.

SUMMARY IN ENGLISH:

José has always enjoyed cooking. One night, he decides to prepare a special dinner for his family. He searches for a recipe in an old cookbook that belonged to his grandmother.

The recipe he chooses is Garlic Chicken, a dish he remembers eating as a child. First, he gathers all the necessary ingredients: chicken, garlic, lemon, olive oil, and various spices.

In the kitchen, José begins to prepare the dinner. First, he cuts the vegetables and places them in a bowl. Then, he seasons the chicken with garlic, lemon, and spices and puts it in the oven to cook.

While the chicken is cooking, José sets the table. He places the dishes, glasses, and cutlery in their place. Then, he serves the vegetables on a large dish.

Finally, the chicken is ready. José takes it out of the oven and places it on the table next to the vegetables. When his family comes to the table, they all applaud José for his effort. They taste the food and are delighted with the flavor.

That night, José's kitchen is filled with laughter, conversation, and the delicious aroma of home-cooked food.

José siempre ha disfrutado cocinar. Una noche, decide preparar una cena especial para su familia. Busca una receta en un libro de cocina antiguo que pertenecía a su abuela.

La receta que elige es Pollo al ajillo, un plato que recuerda haber comido cuando era niño. Primero, reúne todos los ingredientes necesarios: pollo, ajo, limón, aceite de oliva y varias especias.

En la cocina, José comienza a preparar la cena. Primero, corta las verduras y las coloca en un tazón. Luego, sazona el pollo con ajo, limón, y especias y lo coloca en el horno para cocinar.

Mientras el pollo se cocina, José pone la mesa. Coloca los platos, las copas y los cubiertos en su lugar. Luego, sirve las verduras en un plato grande.

Finalmente, el pollo está listo. José lo saca del horno y lo coloca en la mesa junto a las verduras. Cuando su familia llega a la mesa, todos aplauden a José por su esfuerzo. Prueban la comida y están encantados con el sabor.

Esa noche, la cocina de José se llena de risas, conversaciones y el delicioso aroma de la comida casera.

CHAPTER 48

"LA VISITA DE LAURA AL DENTISTA" (LAURA'S VISIT TO THE DENTIST)

KEY WORDS: dentista (dentist), dientes (teeth), cepillo (brush), pasta dental (toothpaste), silla (chair), limpieza (cleaning), miedo (fear), valiente (brave), sonrisa (smile), salud (health)

STORY:

Laura siempre ha tenido un poco de miedo al dentista, pero sabe que es importante mantener sus dientes limpios y saludables. Así que, cuando su madre le dice que tiene una cita con el dentista, se pone valiente.

En el consultorio, la asistente de dentista le da a Laura una nueva pasta dental y un cepillo de dientes. Luego la lleva a la silla del dentista, que parece una gran nave espacial. Laura se sienta y se pone los lentes de protección.

El dentista entra en la sala con una gran sonrisa. Le explica a Laura lo que va a hacer durante la limpieza. Le muestra las herramientas que va a utilizar y le asegura que no dolerá nada.

A Laura le limpian los dientes, los pulen y le ponen fluoruro. Aunque siente un poco de nervios, se da cuenta de que su miedo era mayor que la realidad.

Cuando la limpieza termina, Laura se siente aliviada y orgullosa. El dentista elogia su valentía y su buena higiene dental. Antes de irse, Laura recibe un globo y un adhesivo.

Esa noche, Laura se cepilla los dientes con su nueva pasta dental y su cepillo de dientes. Aunque aún le da un poco de miedo ir al dentista, sabe que es importante para su salud y que siempre puede ser valiente.

SUMMARY IN ENGLISH:

Laura has always been a little scared of the dentist, but she knows it's important to keep her teeth clean and healthy. So, when her mother tells her she has a dentist appointment, she puts on a brave face.

At the dentist's office, the dental assistant gives Laura a new toothpaste and toothbrush. She then takes her to the dentist's chair, which looks like a big spaceship. Laura sits down and puts on the protective glasses.

The dentist comes into the room with a big smile. He explains to Laura what he's going to do during the cleaning. He shows her the tools he's going to use and assures her it won't hurt at all.

Laura gets her teeth cleaned, polished, and fluoride applied. Although she feels a bit nervous, she realizes her fear was greater than the reality.

When the cleaning is over, Laura feels relieved and proud. The dentist praises her bravery and good dental hygiene. Before she leaves, Laura gets a balloon and a sticker.

That night, Laura brushes her teeth with her new toothpaste and toothbrush. Even though she's still a bit scared of going to the dentist, she knows it's important for her health and that she can always be brave.

SUMMARY IN SPANISH:

Laura siempre ha tenido un poco de miedo al dentista, pero sabe que es importante mantener sus dientes limpios y saludables. Así que, cuando su madre le dice que tiene una cita con el dentista, se pone valiente.

En el consultorio, la asistente de dentista le da a Laura una nueva pasta dental y un cepillo de dientes. Luego la lleva a la silla del dentista, que parece una gran nave espacial. Laura se sienta y se pone los lentes de protección.

El dentista entra en la sala con una gran sonrisa. Le explica a Laura lo que va a hacer durante la limpieza. Le muestra las herramientas que va a utilizar y le asegura que no dolerá nada.

A Laura le limpian los dientes, los pulen y le ponen fluoruro. Aunque siente un poco de nervios, se da cuenta de que su miedo era mayor que la realidad.

Cuando la limpieza termina, Laura se siente aliviada y orgullosa. El dentista elogia su valentía y su buena higiene dental. Antes de irse, Laura recibe un globo y un adhesivo.

Esa noche, Laura se cepilla los dientes con su nueva pasta dental y su cepillo de dientes. Aunque aún le da un poco de miedo ir al dentista, sabe que es importante para su salud y que siempre puede ser valiente.

CHAPTER 49

ANNIKA Y LA VIOLA ENCANTADA (ANNIKA AND THE ENCHANTED VIOLA)

KEY WORDS: viola (viola), música (music), ensayo (rehearsal), concierto (concert), maestro (teacher), ensueño (daydream), notas (notes), melodía (melody), ensueño (daydream)

STORY:

Annika es una talentosa violista. Ha estado tocando la viola desde que era una niña pequeña. La música es su pasión y su escape del mundo.

Todos los días, después de la escuela, Annika va a su sala de música para practicar. Le gusta tocar las notas suaves y melódicas de la viola, y a veces se pierde en un ensueño mientras toca.

Un día, mientras Annika está practicando para un concierto de la escuela, algo mágico ocurre. Cada vez que toca su viola, las notas parecen flotar en el aire y transformarse en imágenes coloridas y brillantes. Annika está asombrada, pero también emocionada. Parece que su viola se ha convertido en una viola encantada.

En el día del concierto, Annika está nerviosa pero emocionada. Cuando toca su viola, la música cobra vida, mostrando a todos en el auditorio hermosas imágenes que reflejan la melodía. Todos quedan asombrados por el espectáculo, aplaudiendo con entusiasmo al final de su actuación.

Después del concierto, el maestro de música de Annika se acerca a ella y le dice que nunca ha visto a una estudiante tocar con tanto sentimiento y pasión. Annika sonríe y se siente orgullosa. Sabe que ha encontrado su verdadero amor en la música, y no puede esperar a seguir tocando su viola encantada.

SUMMARY IN ENGLISH:

Annika is a talented violist. She has been playing the viola since she was a little girl. Music is her passion and her escape from the world.

Every day, after school, Annika goes to her music room to practice. She likes playing the soft and melodic notes of the viola, and sometimes she gets lost in a daydream while she plays.

One day, while Annika is practicing for a school concert, something magical happens. Every time she plays her viola, the notes seem to float in the air and transform into colorful and bright images. Annika is amazed but also excited. It seems that her viola has become an enchanted viola.

On the day of the concert, Annika is nervous but excited. When she plays her viola, the music comes to life, showing everyone in the auditorium beautiful images that reflect the melody. Everyone is amazed by the show, applauding enthusiastically at the end of her performance.

After the concert, Annika's music teacher approaches her and tells her that he has never seen a student play with so much feeling and passion. Annika smiles and feels proud. She knows that she has found her true love in music, and she cannot wait to continue playing her enchanted viola.

SUMMARY IN SPANISH:

Annika es una talentosa violista. Ha estado tocando la viola desde que era una niña pequeña. La música es su pasión y su escape del mundo.

Todos los días, después de la escuela, Annika va a su sala de música para practicar. Le gusta tocar las notas suaves y melódicas de la viola, y a veces se pierde en un ensueño mientras toca.

Un día, mientras Annika está practicando para un concierto de la escuela, algo mágico ocurre. Cada vez que toca su viola, las notas parecen flotar en el aire y transformarse en imágenes coloridas y brillantes. Annika está asombrada, pero también emocionada. Parece que su viola se ha convertido en una viola encantada.

En el día del concierto, Annika está nerviosa pero emocionada. Cuando toca su viola, la música cobra vida, mostrando a todos en el auditorio hermosas imágenes que reflejan la melodía. Todos quedan asombrados por el espectáculo, aplaudiendo con entusiasmo al final de su actuación.

Después del concierto, el maestro de música de Annika se acerca a ella y le dice que nunca ha visto a una estudiante tocar con tanto sentimiento y pasión. Annika sonríe y se siente orgullosa. Sabe que ha encontrado su verdadero amor en la música, y no puede esperar a seguir tocando su viola encantada.

CHAPTER 50

"EL VIAJE DE APRENDIZAJE DE SARA" (SARA'S LEARNING JOURNEY)

KEY WORDS: aprendizaje (learning), idioma (language), español (Spanish), éxito (success), libros (books), palabras (words), viaje (journey), maestro (teacher), desafío (challenge), logro (achievement), práctica (practice), conversación (conversation)

STORY:

Sara siempre ha querido aprender otro idioma. Un día, decide que va a aprender español. Sabe que es un gran desafío, pero está emocionada y lista para el viaje.

Al principio, Sara utiliza libros de texto y aplicaciones de aprendizaje de idiomas en su teléfono. Aprende nuevas palabras todos los días y practica su pronunciación. Aunque a veces es difícil y se equivoca, Sara sigue intentándolo.

Después de un tiempo, Sara comienza a tomar lecciones con un maestro de español. Él es muy amable y la ayuda a mejorar su gramática y vocabulario. Con él, practica conversaciones y aprende sobre la cultura española.

Sara practica español todos los días. Escucha música en español, ve películas en español y trata de hablar español con sus amigos. Poco a poco, empieza a entender más y a hablar con más fluidez.

Un día, Sara va a una tienda donde la mayoría de las personas hablan español. Al principio, está nerviosa, pero luego se da cuenta de que puede entender todo lo que la gente dice. Incluso tiene una conversación en español con el vendedor.

Ese día, Sara se da cuenta de que ha logrado su objetivo. Ha aprendido español. Se siente orgullosa de su logro y agradecida por el viaje de aprendizaje. A partir de ese momento, sabe que puede enfrentar cualquier desafío que se le presente.

SUMMARY IN ENGLISH:

Sara has always wanted to learn another language. One day, she decides she is going to learn Spanish. She knows it's a big challenge, but she's excited and ready for the journey.

At first, Sara uses textbooks and language learning apps on her phone. She learns new words every day and practices her pronunciation. Even though it's sometimes hard and she makes mistakes, Sara keeps trying.

After a while, Sara starts taking lessons with a Spanish teacher. He's very kind and helps her improve her grammar and vocabulary. With him, she practices conversations and learns about Spanish culture.

Sara practices Spanish every day. She listens to music in Spanish, watches movies in Spanish, and tries to speak Spanish with her friends. Little by little, she starts to understand more and speak more fluently.

One day, Sara goes to a store where most people speak Spanish. At first, she's nervous, but then she realizes she can understand everything people are saying. She even has a conversation in Spanish with the shopkeeper.

That day, Sara realizes she has achieved her goal. She has learned Spanish. She feels proud of her achievement and grateful for the learning journey. From that moment on, she knows she can face any challenge that comes her way.

SUMMARY IN SPANISH:

Sara siempre ha querido aprender otro idioma. Un día, decide que va a aprender español. Sabe que es un gran desafío, pero está emocionada y lista para el viaje.

Al principio, Sara utiliza libros de texto y aplicaciones de aprendizaje de idiomas en su teléfono. Aprende nuevas palabras todos los días y practica su pronunciación. Aunque a veces es difícil y se equivoca, Sara sigue intentándolo.

Después de un tiempo, Sara comienza a tomar lecciones con un maestro de español. Él es muy amable y la ayuda a mejorar su gramática y vocabulario. Con él, practica conversaciones y aprende sobre la cultura española.

Sara practica español todos los días. Escucha música en español, ve películas en español y trata de hablar español con sus amigos. Poco a poco, empieza a entender más y a hablar con más fluidez.

Un día, Sara va a una tienda donde la mayoría de las personas hablan español. Al principio, está nerviosa, pero luego se da cuenta de que puede entender todo lo que la gente dice. Incluso tiene una conversación en español con el vendedor.

Ese día, Sara se da cuenta de que ha logrado su objetivo. Ha aprendido español. Se siente orgullosa de su logro y agradecida por el viaje de aprendizaje. A partir de ese momento, sabe que puede enfrentar cualquier desafío que se le presente.

Made in the USA
Las Vegas, NV
12 November 2024